M000203709

Cuanto vale mi vida

CUANTO VALE MI VIDA

Lizbeth Borras

Copyright © 2014 por Lizbeth Borras.

El texto Bíblico ha sido tomado de la versión Reina-Valera © 1960 Sociedades Bíblicas en América Latina; © renovado 1988 Sociedades Bíblicas Unidas. Utilizado con permiso. Reina-Valera 1960™ es una marca registrada de la American Bible Society, y puede ser usada solamente bajo licencia.

Número de Control de la Biblioteca del Congreso de EE. UU.:   2013918324
ISBN: Tapa Dura   978-1-4633-6835-7
             Tapa Blanda   978-1-4633-6834-0
             Libro Electrónico   978-1-4633-6833-3

Este libro fue impreso en los Estados Unidos de América.

Fecha de revisión: 26/09/2014

Diseño de la portada: Alberto Paniaya J.

Para realizar pedidos de este libro, contacte con:
Palibrio
1663 Liberty Drive
Suite 200
Bloomington, IN 47403
Gratis desde EE. UU. al 877.407.5847
Gratis desde México al 01.800.288.2243
Gratis desde España al 900.866.949
Desde otro país al +1.812.671.9757
Fax: 01.812.355.1576
ventas@palibrio.com
490259

ÍNDICE

Con mucha sed de la palabra de Dios, he escrito este libro, con temor y pasión, con la esperanza de que todo aquel que lo lea, reciba el verdadero mensaje de Dios, aunque eso no me corresponde a mí, sino a Él.

Dedico este libro primeramente a mi Padre que está en los cielos, que por Él y para Él fue escrito este libro, por esta razón el que tengas en tus manos este libro no es casualidad, si no es Dios queriéndote decirte algo......

A mi esposo Alberto Paniaya J. quien me apoyo y ayudo a lo largo de este trabajo...

A mis padres Mercedes. M y David Borrás, quienes me sembraron la semilla de la palabra de Dios.

A toda mi familia y amigos.

¿QUIÉN ES DIOS?

Los cielos cuentan la gloria de Dios, y el firmamento anuncia la obra de sus manos.

Un día emite palabra a otro día, y una noche a otra declara sabiduría.

No hay lenguaje ni palabras,
Ni es oída su voz.

Por toda la tierra salió su voz y hasta el extremo del mundo sus palabras.
Salmos 19:1-5

Todo lo hizo hermoso a su tiempo; y ha puesto eternidad en el corazón de ellos, sin que alcance el hombre a entender la obra que ha hecho Dios desde el principio hasta el fin.

Eclesiastés 3:11

Dice el necio en su corazón:
No hay Dios.

Salmos 14:1

9

Durante toda la historia de la humanidad, el ser humano se ha preguntado ¿quién es Dios? ¿Realmente existe un Dios? ¿Dónde está? Muchos aseguran que la madre naturaleza es Dios, otros dicen que Dios es una fuerza, otros creen que su propio ser es un Dios o que todos tenemos un dios adentro de nosotros, gran parte de la humanidad forma parte de organizaciones, grupos, sectas, o religiones (falsas) donde inventan reglas y dioses que no existen. (Como san hierbas, el sol, don lunas y muchísimos otros más)

Hay mucha diversidad de pensamientos, creencias y opiniones, pero ¿cuál es la verdad? No hay que engañarnos a nosotros mismos y no hay que dejarnos engañar, porque solamente existe una verdad y un solo Dios. Pero ¿quién es? y ¿cómo es el verdadero Dios?

El verdadero y único Dios, El mismo nos revela a toda la humanidad su ser y voluntad; lo más misterioso es que es atreves de un libro, la Biblia, sin la Biblia no podríamos saber nada de Él. Pero ¿porque atreves de un libro? Su mismo libro nos da la respuesta.

Comencemos desde el principio:

La creación es 100% una prueba de la existencia del creador Dios.

No puede haber una creación
Sin un creador. **Aun antes de que hubiera día, Yo era . Isaías 43:13**
Teología: La palabra teología viene de dos palabras griegas Teos y logia.

Teos significa, Dios.
Logos significa, estudio, razonamiento, ciencia.

Teología es el estudio de Dios, todo lo que está relacionado con El; la creación su ser, su mensaje, su voluntad; es el razonamiento de todos los hechos y futuros acontecimientos escritos en la palabra de Dios, la Biblia. Teología es lo que nosotros como creyentes hacemos.

¿Cómo conocer a Dios?

Para poder conocer a Dios hay que buscarlo, una manera de encontrarlo y de conocerlo es escudriñando las escrituras.

Escudriñar las Escrituras; porque a vosotros os parece que en ellas tenéis la vida eterna; y ellas son las que dan testimonio de mí;.........

S.Juan 5:39

Pero ¿qué es escudriñar?

Escudriñar significa indagar meticulosamente algo, lo cual a veces requiere revisar o estudiar a profundidad las cosas que a simple vista parecen no ser importantes o que otros ignoran; es examinar, inquirir averiguar, rebuscar cuidadosamente.

Eso es lo que debemos hacer al leer la Biblia, para tratar de llegar al conocimiento del mensaje de Dios. Y eso es lo que vamos hacer, estudiar para conocer a Dios.

Al escudriñar las Escrituras la mente ejerce la meditación y el discernimiento, lo cual hace que nos acerquemos a Dios y poco a poco al meditar y deleitarnos en su palabra lo vamos conociendo y sintiendo.

La palabra de Dios nos revela tantas respuestas a preguntas que como seres humanos nos hacemos; así que dejemos que la misma palabra de Dios nos hable.

Dios es nuestro creador.

Dios es el creador de todo, Dios nos creó nos hizo.
Como nos hizo

Entonces Jehová Dios formo al hombre del polvo de la tierra, y soplo en su nariz aliento de vida, y fue el hombre un ser viviente.

Génesis 2:7

Para los hombres es imposible, mas para Dios no; porque todas las cosas son posibles para Dios.

S.Marcos 10:27

Y creo Dios al hombre a su imagen, a imagen de Dios lo creo; varón y hembra los creo.

Génesis 1:27

Entonces dijo Dios: Hagamos al hombre a nuestra imagen, conforme a nuestra semejanza...

Génesis 1:26

Cuando nosotros nacimos ¿ya existían los cielos el sol y la luna?

Cuando nuestros Padres nacieron ¿ya existían las aguas plantas y animales?

Cuando nuestros abuelos nacieron ¿ya existían todas esas cosas?

Y nuestros bisabuelos ¿se habrán preguntado lo mismo?

Había una creación...

¿Quién las creo?

En el principio creo Dios los cielos y la tierra.

Génesis 1:1

He aquí, de Jehová tu Dios son los cielos, y los cielos de los cielos, la tierra y las cosas que hay en ella.

Deuteronomio 10:14

Dios creo todas las cosas que hay en ella, no es que la humanidad haya creado la idea de un Dios existente.

Levantad en alto vuestros ojos, y mirad quien creo estas cosas; el saca y cuenta su ejército; a todas llama por sus nombres; ninguna faltara; tal es la grandeza de su fuerza, y el poder de su dominio.

Isaías 40:26

Dios se deleita en su creación, se alegra de sus obras, porque sus obras son una expresión de su gloria, y estas le alaban (toda la naturaleza), Dios se regocija en su creación porque revelan su incomparable sabiduría......

Por tu ordenación subsisten todas las cosas hasta hoy, pues todas ellas te sirven.

Salmos 119:91

Nos llevaría toda una vida mencionar las obras de Dios.

¡Cuan innumerables son tus obras, oh Jehová! hiciste todas ellas con sabiduría; La tierra está llena de tus beneficios.

Salmos 104:24

Tuyos son los cielos, tuya también la tierra;
el mundo y su plenitud tú lo fundaste.
el norte y el sur tú lo creaste.

Salmos 89:11-12

¿Cómo es Dios?
¿Quién es Dios?
¿Cuáles son sus cualidades y características?

El mundo desconoce a Dios.
Dios es único No existe nadie como Él.
Dios se revelo en su Santa palabra, para que le conozcamos y Él nos deja saber quién es El y cuál es su voluntad, y su carácter nos es expresado desde la primera página hasta la última página de la Biblia; Una manera de conocerlo es atreves de sus atributos. Estos son solo algunos:

Dios es nuestro Creador: Señor digno eres de recibir la gloria y la honra y el poder, porque tú creaste todas las cosas y por tu voluntad existen y fueron creadas.

Apocalipsis 4:11

Dios es Quien da vida: El Dios que hizo al mundo y todas las cosas que en él hay, siendo Señor del cielo y de la tierra, no habita en templos hechos por manos humanas, ni es honrado por manos de hombres, como si necesitase de algo; pues él es quien da a todos vida y aliento y todas las cosas.

Hechos 17:24-25

Dios es Uno: oye, Israel: Jehová nuestro Dios, Jehová uno es.

Deuteronomio 6:4

Sabemos que un ídolo nada es en el mundo, y que no hay más que un Dios.

1 Corintios 8:4

Dios es Luz: **Este es el mensaje que hemos oído de él, y os anunciamos: Dios es luz y no hay ningunas tinieblas en El.**

1 Juan 1:5

Dios es Infinito: **Grande es el Señor nuestro y de mucho poder y su entendimiento es infinito.**

Salmos 147:5

Dios es Todo Poderoso: **¡Oh Señor Jehová! he aquí que tu hiciste el cielo y la tierra con tu gran poder, y con tu brazo extendido, ni hay nada que sea difícil para ti;......**

Jeremías 32:17

......Dios grande poderoso, Jehová de los ejércitos es su nombre

Jeremías 32:18

Dios es Eterno: **¿No has sabido, no has oído que el Dios eterno es Jehová, el cual creo los confines de la tierra? No desfallece, ni se fatiga con cansancio, y su entendimiento no hay quien lo alcance.**

Isaías 40:28

Antes que nacieren los montes y formases la tierra y el mundo, desde el siglo y hasta el siglo, tú eres Dios.

Salmos 90:2

Dios es Invisible e Inmortal: **Por tanto, al Rey de los siglos, inmortal invisible, al único y sabio Dios, sea honor y gloria por los siglos de los siglos Amen.**

1Timoteo 1:17

Dios es Sabio: **Al único y sabio Dios, nuestro Salvador sea la gloria y majestad, imperio y potencia, ahora y por todos los siglos Amen.**

S Judas: 25

Dios es el único Dios: **Así dice Jehová Rey de Israel, y su Redentor, Jehová de los ejércitos: Yo soy el primero, y yo soy el postrero, y fuera de mí no hay Dios.**

Isaías 44:6

Dios es Pastor: **Jehová es mi pastor nada me faltara...**

Salmos 23
* Génesis 49:24

Dios es Santo: Dios es absolutamente Santo, esto significa literalmente, que Dios es absolutamente diferente y como nadie ni nada que jamás hayamos conocido. Él es tan único y perfecto que su existencia no puede ser comparada a nada; Lo que Él es por esencia y naturaleza, va más allá de nuestra comprensión y conocimiento humano.

Y los cuatro seres vivientes tenían cada uno seis alas, y alrededor y por dentro estaban llenos de ojos; y no cesaban día y noche de decir: Santo, Santo, Santo es el Señor Dios Todopoderoso, el que era, el que es, y el que ha de venir.

Apocalipsis 4:8

Porque escrito esta: Sed Santos, porque yo soy Santo.

1 Pedro 1:16

Dios no cambia: **Porque Yo Jehová, no cambio......**

Malaquías 3:6

Toda buena dadiva y todo don perfecto desciende de lo alto, del Padre de las luces, en el cual no hay mudanza, ni sombra de variación.

Santiago 1:17

Dios es celoso: **No te inclinaras a ellas, ni las honraras, porque yo soy Jehová tu Dios, fuerte y celoso...**

Éxodo 20:5

Dios es fiel: **Alabad a Jehová, naciones todas; Pueblos todos, alabadle. Porque ha engrandecido sobre nosotros su misericordia, y la fidelidad de Jehová es para siempre. Aleluya.**

Salmos 117

Dios es verdad: **Mas Jehová es el Dios verdadero; él es Dios vivo y Rey eterno...**

Jeremías 10:10

Dios es amor: **El que no ama, no ha conocido a Dios; porque Dios es amor**

1 Juan 4:8

Dios es misericordioso: **Porque Dios misericordioso es Jehová tu Dios; no te**
dejará, ni te destruirá, ni se olvidara del pacto que les juro a tus padres.

Deuteronomio 4:31

Dios es paciente: **y tened entendido que la paciencia de nuestro Señor es para salvación...**

2 Pedro 3:15

Dios es Justo: **Justo eres tú, oh Jehová, y rectos tus juicios**

Salmos 119:137

Dios no es hombre: **Dios no es hombre, para que mienta, ni hijo de hombre para que se arrepienta...**

Números 23:19

Dios es espíritu: **Dios es Espíritu; y los que le adoran, en espíritu y en verdad es necesario que adoren.**

S. Juan 4:24

Dios es el principio y El fin: **Yo soy el Alfa y la Omega, el principio y el fin, el primero y el último.**

Apocalipsis 22:13

Dios no miente: **En la esperanza de la vida eterna, la cual Dios, que no miente, prometió desde antes del principio de los siglos.**

Tito 1:2

Dios lo sabe todo: **Pues si nuestro corazón nos reprende, mayor que nuestro corazón es Dios, y él sabe todas las cosas.**

1 Juan 3:20

Dios todo poderoso

Creador de los cielos de la tierra del Universo y todo lo que hay en ellos.
¿Qué significa Todopoderoso?
Todopoderoso en griego es 'pantokrator' que significa: gobierno absoluto de todo. En hebreo 'shaddai' que significa: el que todo lo puede sin necesidad de ayuda de nadie.

Yo soy el Alfa y la Omega, principio y fin, dice el Señor, el que es y que era y que ha de venir, el Todopoderoso.

Apocalipsis 1:8

Dios todo lo puede nada lo limita, tiene la capacidad de hacer todas las cosas. Dios todo lo puede mas no todo lo hace. Dios hace solamente lo que él quiere No lo que él pueda hacer.

Jesús dijo: aprended de mí.

En el libro de S.Marcos, vemos a Dios Todopoderoso, cuando Jesús ora antes de ser capturado. Se dirige con toda confianza y amor ante su Padre, pues utiliza el término hebreo Abba, que significa Papito. Jesús reconoce que para su Padre son posibles todas las cosas, mas reconoce que ese poder se manifestaría en lo que su Padre quería hacer, y se postra porque sabe que se dirige ante el Dios Todopoderoso.

Jesús ora al Padre horas antes de la crucifixión.

Yéndose un poco adelante, se postro en tierra, y oro que si fuese posible, pase de él aquella hora.

Y decía: Abba, Padre, todas las cosas son posibles para ti; aparta de mi esta copa; mas no lo que yo quiero, si no lo que tú.

S. Marcos 14:35

Horas después Jesús es crucificado. Dios no lo evito, porque esa era su voluntad, no porque no pudiese, sino porque ya tenía un plan, su voluntad es cumplir ese plan hasta que culmine. Esto debe quedar claro, porque Dios puede hacer todas las cosas, más si su voluntad es no hacerlas, No las hace.
Por ejemplo: Dios nos puede proveer un trabajo, un aumento, salud, cualquier petición que este en nuestro corazón, mas, si su voluntad es no darnos las, es por algo. No porque no pueda, o no exista. Dios nos puede

dar cualquier cosa, pero si él no quiere, no nos lo da. El hecho de que pueda dártelo, no significa que quiera dártelo.

Volviendo al versículo anterior, Jesucristo quería evitar la cruz, sabía que su Padre, de que podía evitarle la cruz, podía. Jesús dijo - **mas no lo que yo quiero, si no lo que tu** *- Jesús acepto y vivió la cruz por amor al Padre sin reproches, (así es como debemos actuar) Jesús sabía lo que le esperaba.*

Como seres humanos le pedimos a Dios que haga o que nos dé, si no lo hace o no nos lo concede, no quiere decir que no exista, o que no nos quiera, sino porque tiene un plan.

Dios Todopoderoso, su palabra tiene poder.

El sol, la luna, las estrellas, el mar, el viento y todo el Universo le obedecen desde el principio, pues Dios lo creo todo con el poder de su palabra. **...Y quien sustenta todas las cosas con la palabra de su poder...**
Hebreos 1:3

Cada palabra enviada por Dios es enviada llena de poder. La palabra - poder - en griego es - dunamis - que significa dinamita; Una sola palabra de Dios, puede dar vida, puede crear o puede derribar.
Por la palabra de Jehová fueron hechos los cielos, y todo el ejército de ellos por el aliento de su boca. **Salmos 33:6**

Dios creo los cielos y la tierra con el poder de su palabra.
Y dijo Dios sea la luz - y fue la luz
Génesis 1:3

Y dijo Dios: haya expansión en medio de las aguas - y fue así
Génesis 1:16

Después dijo Dios: produzca la tierra hierba verde - y fue así
Génesis

Dijo después: haya lumbreras - y fue así
Génesis

Entonces dijo Dios: hagamos al hombre a nuestra imagen, conforme a nuestra semejanza - y fue así

Génesis 1:26

Pero esto solo lo podemos comprender, por medio de la fe.
Por fe entendemos haber sido constituido el Universo por la palabra de Dios, de modo que lo que se ve fue hecho de lo que no se veía.

Hebreos 11:3
Pero sin fe es imposible agradar a Dios.

Hebreos 11:6

Jesús es el verbo de Dios. **Y aquel verbo fue hecho carne...... S. Juan 1: 14** *cuando estuvo aquí en la tierra cada palabra que salía de su boca, estaba cargada de tanto poder que aun los más "estudiados" decían: Nunca hombre alguno ha hablado como este.*
Porque la palabra de Dios es viva y eficaz, y más <u>cortante</u> que toda espada de dos filos; y penetra hasta partir el alma, el espíritu, las coyunturas, los tuétanos, y discierne los pensamientos y las intenciones del corazón.

Hebreos 4:12

La palabra cortante en griego es 'maknaira' que es como el bisturí de un cirujano operando.

Jesucristo dijo:
El cielo y la tierra pasaran, pero mis palabras no pasaran.

S.Mateo 24:35

Así será mi palabra que sale de mi boca; no volverá a mi vacía, si no que hará lo que yo quiero, y será prosperada en aquello para que la envié.

Isaías 55:11

Porque como desciende de los cielos la lluvia y la nieve, y no vuelve allá, si no que riega la tierra, y la hace germinar y producir y da semilla al que siembra y pan al que come.

Isaías 55:10

Jesucristo dijo:
Ya vosotros estáis limpios, por la palabra que os he hablado.

S.Juan 15:3

Porque la palabra de la cruz es locura a los que se pierden; pero a los que se salvan, esto es, a nosotros, es poder de Dios.

1 Corintios 1:18

La palabra de Dios son las Escrituras, la Biblia, como proviene de Dios, la Biblia tiene mucho poder al grado de transformar, a las personas. Cuando empezamos a leer, estudiar y escudriñar la Biblia, nuestro espíritu empieza a tener vida, porque la palabra de Dios es vida. **y me buscareis y me hallareis, porque me buscareis de todo corazón.**

(Jeremías 29:13)

... Cuando alguien nos predica, Dios puede hablarnos atraves de esa persona, porque esa persona tuvo convivencia con la Biblia, la palabra de Dios. ¿Qué pasaría si tú directamente lees y buscas la palabra de Dios?. En ese momento la palabra de Dios se empieza a hacer viva en tu vida porque

- penetra hasta partir el <u>alma</u> y el espíritu -

Hebreos 4:12

Alma: Es el principio de la voluntad y del querer, el centro de la personalidad intima del hombre. El alma es nuestro propio Yo.
Y si tú tienes fe, la palabra de Dios, se vuelve eficaz en tu vida.

- *El misterio de Dios.*

En el momento que nosotros no podemos ver a Dios visualmente, y que el sí lo pueda hacer con nosotros eso lo hace interesante, pero más que eso misterioso. Más aun cuando toda su gloria, nos la muestra día con día con su creación. Y su voluntad su mensaje e instrucción nos lo deja en un libro, que nos es revelado, solo cuando lo buscamos de todo corazón.

Un misterio es aquello que no se puede explicar, comprender o descubrir, se trata de algo secreto, reservado, recóndito. Se define como algo muy difícil de entender.

Para poder comprender su voluntad, Dios nos revela su ser, atraves de su Hijo, el único camino, para lograr que los hombres puedan comprender el mensaje de Dios. Su palabra nos guía y nos dice como comprender su mensaje, su gran misterio.

Dejemos que su palabra nos hable.

En 1Corintios, cuando Pablo envía la carta a la iglesia para guiarla y separarla del error y del desorden moral, encontramos estos versículos que nos ayudan a comprender el misterio de Dios.

Sin embargo, hablamos sabiduría, entre los que han alcanzado madurez y sabiduría no de este siglo, ni de los príncipes de este siglo que perecen.

1 Corintios 2:6

Mas hablamos sabiduría de Dios en misterio, la sabiduría oculta, la cual Dios predestino antes de los siglos para nuestra gloria.

1 Corintios 2:7

La que ninguno de los príncipes de este siglo conoció; porque si lo hubieran conocido, nunca habrían crucificado al Señor de gloria.

1 Corintios 2:8

Al analizar los tres versículos nos podemos dar cuenta que para poder comprender el misterio de Dios necesitamos:

Madurez y Sabiduría

- *Versículo 1   hablamos sabiduría*
- *Versículo 2   Sabiduría de Dios*
- *Versículo 1   ¿entre los que han alcanzado?*

Madurez y Sabiduría

Pero claramente nos recalca que no la sabiduría de este siglo es decir la sabiduría del mundo, (toda opinión, enseñanza, actitud fuera o encontrar de la palabra de Dios, la Biblia).

En el segundo versículo podemos ver que la sabiduría que necesitamos para comprender su misterio es la sabiduría de Dios.
- Mas hablamos sabiduría de Dios. -

Para comprender el lenguaje de Dios, su mensaje y enseñanza y recibir su gloria, necesitamos Sabiduría divina de Dios.
La cual ya existía desde antes de los siglos, es decir antes de la fundación del mundo.

En el tercer versículo vemos lo grave que puede ser al no alcanzar sabiduría y no llegar al conocimiento del mensaje de Dios. La consecuencia es tremenda.

Necesitamos Sabiduría para comprender su palabra, pero ¿para qué? La respuesta la vemos en el Segundo versículo

- la cual Dios predestino antes de los siglos, para nuestra gloria - es decir, para salvación.

En otra carta de Pablo a los Efesios, refiriéndose a Dios el padre de Jesucristo.

Que hizo sobreabundar para con nosotros en toda sabiduría e inteligencia.

Efesios 1:8

Para que sean consolados sus corazones unidos en amor hasta alcanzar todas las riquezas de pleno entendimiento, a fin de conocer el misterio de Dios el Padre y Cristo.

Colosenses 2:2

Dándonos a conocer el misterio de su voluntad según su beneplácito el cual se había propuesto en sí mismo.

Efesios 1:9

Por medio de la sabiduría que Dios nos da, nos da a conocer el misterio de su voluntad.

Y de aclarar a todos cual sea la dispensación del misterio escondido desde los siglos en Dios, que creo todas las cosas.

Efesios 3:9

El obtener sabiduría requiere tiempo, actitud, cambios de comportamiento, que se convierten en un estilo de vida, no se obtiene de la noche a la mañana, ni de un día a otro, lleva tiempo.
¿Cómo alcanzar sabiduría?
La respuesta nos la da la Biblia (ver capítulo 12).

Pasemos a otro punto importante.

¿Qué pasaría si un padre que ama a sus hijos los viere hacer algo malo?. Como por ejemplo, que no hacen la tarea, o que golpean a niños, que son mentirosos, conflictivos, que roban, se emborrachan, se drogan, son geys o lesbianas o cualquier cosa indebida...
Un padre que ama a sus hijos los reprendería por el bien de ellos, para corregirlos del mal camino, es decir los educa, para que de grandes no sean unos mediocres o pránganos, un padre quiere lo mejor para sus hijos, y para corregirlos del mal camino a veces un padre reprende o castiga a los hijos para encaminarlos a una buena dirección, por amor.

- *Dios castiga al que ama*

Atraves de las escrituras la palabra de Dios desde los primeros libros hasta el último libro de la Biblia, Dios nos dice que el castiga a sus hijos, a los que el ama y nos pide que reconozcamos de todo corazón que como castiga el hombre a su hijo así Dios nos castiga, y que no menospreciemos su corrección, que soportemos su disciplina, para que seamos tratados como hijos, de lo contrario somos bastardos y no hijos porque el que aborrece niega o rechaza al hijo no lo castiga, porque no le importa.
Mas el que ama al hijo desde temprano lo corrige.

Yo reprendo y castigo a todos los que amo.

Apocalipsis 3:19

Reconoce asimismo en tu corazón que como castiga el hombre a su hijo así Jehová tu Dios te castiga.

Deuteronomio 8:5

He aquí, Bienaventurado es el hombre a quien Dios castiga; por tanto no menosprecies la corrección del Todopoderoso.

Job

Porque el Señor al que ama, disciplina, y azota a todo el que recibe por hijo.

Si soportáis la disciplina, Dios os tratara como a hijos; ¿porque que hijo es aquel a quien el padre no disciplina?

Pero si se os deja sin disciplina, de la cual todos han sido participantes, entonces sois bastardos, y no hijos.

Hebreos 12:6-8

Porque Jehová al que ama castiga, como el padre al hijo a quien quiere.

Proverbios 3:12

El que detiene el castigo, a su hijo aborrece; mas el que lo ama, desde temprano lo corrige.

Proverbios 13:24

Con castigos por el pecado corriges al hombre.

Salmos 39:11

No menosprecies, hijo mío el castigo de Jehová, ni te fatigues de su corrección.

Proverbios 3:11

- *Dios nos dice que seamos como niños*

¿Cómo es un niño?
Las características de un niño son: están en el limbo, son como esponja, todo lo que ven de los padres lo hacen, todos los días aprenden algo nuevo, pues están en proceso de aprendizaje, la etapa de la niñez es la formación del carácter, por eso es importante la corrección; un niño no es independiente, un niño depende de los padres, y más aún, un bebe recién nacido no sabe nada, lo único que quiere y busca es la leche pura...

Lo que Dios nos pide, es que así como un niño depende de los padres, nosotros aceptemos que dependemos de el todo el tiempo y de todo corazón; así como un niño es esponja y todo lo que ve de los padres lo hace, así nosotros con su ejemplo con el ejemplo de Jesucristo. Así como la etapa de la niñez es la formación del carácter, nuestra etapa aquí en la tierra es nuestra formación para cuando vivamos con Dios, por eso la importancia de la corrección, así como un bebé recién nacido solo desea la leche pura, así desead la palabra de Dios para que por ella crezcáis para salvación.

De cierto os digo, que el que no recibe el reino de Dios como un niño, no entrara en él.

S. Lucas 18:17

De cierto os digo, que si no os volvéis y os hacéis como niños, no entrareis en el reino de los cielos.

S. Mateo 18:3

Desead, como niños recién nacidos, la leche espiritual no adulterada, para que por ella crezcáis para salvación.

1 Pedro 2:2

- *Dios es un Dios vivo*

Hay un problema que ha existido desde el principio de la humanidad, Dios nos advierte y nos manda que nos alejemos y estemos alerta de los falsos dioses y de los falsos ídolos desde el principio. Pues Dios solo hay uno y él es el único que merece toda la honra gloria y alabanza, nadie más se lo merece pues el autor de la vida es Dios, es un Dios vivo, Dios vivo que tiene vida y da vida, nadie más puede dar vida.

En las Escrituras en varias ocasiones cuando se referían a Dios, en muchos de los versículos, encontramos refiriéndose a Dios, como: el Dios vivo; Ya que el pueblo de Dios, advertía a los que desconocían de Dios, que sus ídolos y dioses que tenían eran dioses muertos, pues ponían toda su esperanza, fe y salvación en figuras de piedra, madera, dioses falsos inventados por el ser humano; dioses que no tienen vida ni pueden dar vida, dioses que no existen, ídolos falsos, dioses que están muertos porque no hay vida en ellos, dioses que no oyen, ni ven, ni escuchan, ni sienten pues están muertos no existen.

......dioses hechos de manos de hombres, de madera y piedra, que no ven, ni oyen, ni comen, ni huelen.

Deuteronomio 4:28

Ver Isaías 44:9

Sin embargo el pueblo de Dios, anuncia que nuestro Dios es un Dios vivo, que oye, ve, escucha, siente, se mueve, que vive, es un Dios que vive por la eternidad, que está vivo y nos escucha y nos está viendo ahorita.

En la actualidad aún podemos ver, que existen personas que idolatran a estampillas, figuras de oro, de madera, esculturas y que ponen toda su fe, esperanza, oración y salvación en vírgenes, santos, budas, ídolos, chamanes, brujos etc...

No tendrás dioses ajenos delante de mí.

Éxodo 20:3

Porque todos los dioses de los pueblos son ídolos; Mas Jehová hizo los cielos.
Alabanza y magnificencia delante de él.

1 Crónicas 16:26
Salmos 96:5

No te inclinaras a sus dioses, ni los servirás, ni harás como ellos hacen; antes los destruirás del todo, y quebraras totalmente sus estatutos.

Éxodo 23:24

Dios es el autor de la vida, Dios autor de la vida, ama la vida, por eso mata la muerte. Dios decide cuanto tiempo vivirás, el decide quitar la vida a alguien o dársela a alguien, Dios tiene el control en sus manos de todos los que vivimos.

Jehová mata y él da vida.

1 Samuel 2:6

En su mano está el alma de todo viviente y el halito de todo el género humano.

Job 12:10

Muchos de nosotros hemos perdido seres queridos, pero si Dios les quitó la vida en su tiempo, solo Él sabe porque, y nosotros no somos nadie para reclamarle o enojarnos con Él.

¿Dirá el vaso de barro al que lo formo: Porque me has hecho así?

Romanos 9:20

- *La ira de Dios*

La ira de Dios es mencionada más de 250 veces en la Biblia, ambos el Viejo y el Nuevo Testamento, hacen referencia a la ira de Dios.

Dios nos dice que toda la furia e ira que nosotros tengamos al ver o vivir injusticias de este mundo, que se las dejemos a Él.

No os venguéis vosotros mismos, amados míos, sino dejad lugar a la ira de Dios; porque escrito esta: Mía es la venganza, yo pagaré, dice el Señor.

Romanos 12:19

Analicemos

"dejad lugar a la ira de Dios"
Más adelante, la ira de Dios es definida como: la venganza de Dios "mía es la venganza" después dice "yo pagaré"

......Porque el Dios de todo saber es Jehová, y a él toca el pesar las acciones.

1 Samuel 2:3

Así que la ira de Dios, es un pago al hombre por algo, que este ha hecho.

Vemos en algunos de los versículos del Antiguo Testamento, cuando Jehová está dirigiendo su pueblo, algunos ejemplos de la ira de Dios.

Cuando la ira de Dios se manifestaba, era porque había una desobediencia del hombre para con Dios.

Y aun con estas cosas no me oyereis, yo volveré a castigaros siete veces más por vuestros pecados.

Levítico 26:28

Y lo vio Jehová, y se encendió en ira por el menosprecio de sus hijos y de sus hijas.
Y dijo: esconderé de ellos mi rostro.

Deuteronomio 32:19

Dejaron a Jehová, el Dios de sus padres, que los había sacado de la tierra de Egipto, y se fueron tras otros dioses, los dioses de los pueblos que estaban en sus alrededores, a los cuales adoraron; y provocaron a ira a Jehová.

Jueces 2:12

Con estos versículos nos damos cuenta que Dios tiene ira, esa ira es a causa de la desobediencia del hombre
- *Por sus pecados*
- *Por el menosprecio a Él*
- *Por andar tras otros dioses*

En el carácter de Dios no hay defecto alguno, habría si careciera de ira, la indiferencia al pecado es una falta moral.
Dios que es todo perfecto como podría mirar igual al necio que al sabio, al sobrio que al borracho, la mentira que la verdad, el mal y el bien.
El que se deleita en lo que es puro y santo, desecha todo lo impuro y vil.
La ira de Dios es la consecuencia de nuestra desobediencia hacia Él.

......Porque grande es la ira de Jehová que se ha sido encendido contra nosotros, por cuanto nuestros padres no escucharon las palabras de este libro, para hacer conforme a todo lo que nos fue escrito.

2 Reyes 22: 13

Este versículo escrito miles de años atrás, y podemos ver en la actualidad que esto sigue ocurriendo, padres que no creen en Dios, por lo tanto sus hijos crecen sin creer en Dios, padres que adoran a otros dioses, por ende sus hijos crecen y siguen adorando a otros dioses o ídolos, padres que ponen toda su fe y esperanza en vírgenes y santos y los hijos crecen con esa creencia, padres que dicen creer en Dios, pero hacen todo lo que va en contra de la palabra de Dios, y los hijos crecen de la misma forma.

Cosas por las cuales la ira de Dios viene sobre los hijos de desobediencia.

Colosenses 3:6

La ira de Jehová contra los que hacen mal, para cortar de la tierra la memoria de ellos.

Salmos 34:16

Nadie os engañe con palabras vanas, porque por estas cosas viene la ira de Dios sobre los hijos de desobediencia.

Efesios 5:6

La ira de Dios es su eterno aborrecimiento a toda la injusticia, Dios se enoja contra el pecado porque es una rebelión contra su autoridad. Su ira se manifestó cuando fue pronunciada la primera sentencia de muerte en Adán y Eva, la tierra fue maldita y el hombre echado fuera del paraíso a causa de la desobediencia.

*Y después con castigos tales como el diluvio (**Génesis 7**) por la maldad del hombre en aquellos días.*

Y vio Jehová que la maldad de los hombres era mucha en la tierra, y que todo designio de los pensamientos del corazón de ellos era de continuo solamente el mal.

Génesis 6:5

Y se corrompió la tierra delante de Dios, y estaba la tierra llena de violencia.

Génesis 6:11

La destrucción de las ciudades Sodoma y Gomorra por el pecado
(Génesis 18:20).

Las diez plagas a Faraón en Egipto, por afligir al pueblo de Dios, por su corazón endurecido
(Éxodo 7:20).

La muerte de los filisteos en tiempos de Sansón (**Jueces 16:23**) *por ofrecer sacrificios a otros dioses.*

Porque la ira de Dios se revela desde el cielo contra toda impiedad e injusticia de los hombres que detienen con injusticia la verdad.

En todas las ocasiones la ira de Dios era manifestada directamente a la persona, pueblo o nación, a causa de su pecado, por la maldad que había en sus corazones, y por tener otros dioses.

Pero solamente la ira de Dios fue revelada desde el cielo hasta la tierra de una manera terrible, mucho más terrible que en las otras ocasiones, demostrando su ira a causa de todas las injusticias, maldad, traición, violencia, y pecados de toda la historia de la humanidad, derramándola en el único ser que camino con justicia amor y sin pecado en esta tierra, derramando toda su ira en Él mismo; En su Hijo Unigénito Jesucristo.

El cual se dio a sí mismo en rescate por todos, de lo cual se dio testimonio a su debido tiempo.

1 Timoteo 2:6

Porque de tal manera amo Dios al mundo, que ha dado a su hijo unigénito, para que todo aquel que en él cree, no se pierda más tenga vida eterna.

S. Juan 3:16

Para salvar a la humanidad.

Dios es amor.

El que no ama, no conoce a Dios; porque Dios es amor.

1 Juan 4:8

¿Cómo definimos como condición humana el amor?
Nuestro amor se basa en sentimientos y emociones, que pueden cambiar de un momento a otro. Nosotros amamos a otra gente o decimos amar a otras personas, cuando somos atraídos a ellos o cuando nos hacen sentir bien. Pero este no es el verdadero amor.

Dios es amor, ¿cómo define Dios el amor?

El amor es sufrido, es benigno, el amor no tiene envidia, no es jactancioso, no se envanece, no hace nada indebido;, no busca lo suyo, no se irrita, no guarda rencor, no se goza de la injusticia, más se goza de la verdad, todo lo sufre, todo lo cree, todo lo espera, todo lo soporta.
El amor nunca deja de ser.

1 Corintios 13:4-8

Dios es amor, el amor es la esencia de Dios, por ejemplo:

- *Un perfume de rosas ¿su olor será a canela? No, va a oler a rosas.*
- *Un chicle sabor plátano ¿sabrá a hierbabuena? No, de ninguna manera es posible.*

A si mismo si Dios es amor, amor es lo que sale de Él.
El amor no es algo que Dios haga, es algo que Él es, es su naturaleza. El amor de Dios es puro y siempre todo el tiempo fluye en Él, pues amor es todo Él.
En la Biblia encontramos varios versículos de cuando Dios nos demuestra su amor.

Porque de tal manera amo Dios al mundo, que ha dado a su Hijo Unigénito, para que todo aquel que en él cree, no se pierda más tenga vida eterna.

S. Juan 3:16

El amor es dar, Dios entrego a su Hijo Jesucristo por amor, a pesar de nuestros pecados.

Mas Dios muestra su amor para con nosotros, en que siendo aún pecadores, Cristo murió por nosotros.

Romanos 5:8

En el Nuevo Testamento en Efesios, Pablo ora para que realmente lleguemos a conocer este amor.

De conocer el amor de Cristo, que excede a todo conocimiento, para que seáis llenos de toda la plenitud de Dios.

Efesios 3:19

Cuando llegamos a comprender y conocer este amor, somos fortalecidos en nuestro interior, cuando estamos llenos de fortaleza las dificultades externas no nos pueden vencer; y si no lo has recibido no puedes compartir este amor con otros.

Deja que Dios te amé, recibe su amor, permite que te fortalezca y como fruto podrás regalar este amor a otros.

TRINIDAD

Dios es infinitamente más grande de lo que somos nosotros.

La palabra Trinidad no es mencionada en las Escrituras en la Biblia, este término es utilizado por los cristianos, por la coexistencia coeterna de las que Dios se conforma, de ninguna manera está sugiriendo tres dioses.

La Trinidad es las tres personas, formas, o esencias en la que se nos revela Dios.

La palabra Trinidad es una palabra compuesta, es decir son dos palabras juntas que son:

Tres y unidad   o   tri - unidad   =   Trinidad.

Aunque también encontramos que la palabra Trinidad proviene de la palabra "trinitas" que significa tres en uno, empleada por primera vez por Tertuliano años atrás.

Esto no quiere decir que Dios sea tres personas de carne y huesos o que tenga tres cabezas ni una trilogía de tres dioses o tres mentes.

Dios es Único y Uno, que se ha revelado a nosotros como seres humanos en 3 formas co-eternas. Pero esto se tiene que discernir espiritualmente para comprenderlo, de lo contrario esto es locura para el hombre.

Pero el hombre natural no percibe las cosas que son del Espíritu de Dios, porque para él son locura, y no las puede entender, porque se han de <u>discernir</u> espiritualmente.

1 Corintios 2:14

Discernimiento: tener la capacidad de distinguir una cosa de otra, discernir lo verdadero de lo falso.

La palabra discernir proviene de la palabra hebrea "tevu-nah- " que significa discernimiento está relacionada con la palabra "bi-nah" que significa entendimiento.

Es la capacidad de poder distinguir, decidir, elegir, diferenciar entre una cosa y otra o varias. El discernimiento es un don, es la habilidad de diferenciar lo bueno de lo malo. La persona que compagina el conocimiento con el discernimiento controla lo que dice y es sereno de espíritu.

Volviendo con el concepto Trinidad, después de Cristo, después de la crucifixión y resurrección, el mensaje de Cristo se esparcía, la iglesia, los grupos y maestros crecían cada vez más, lo cual algunos maestros negaban la deidad de Cristo y del Espíritu Santo, por eso fue que la iglesia tubo que formalizar la doctrina de la Trinidad alrededor de los años 215 D.C a 325 D.C.

La Trinidad es una doctrina, de los cristianos, de los primeros y verdaderos creyentes de Cristo. Es más corto utilizar la palabra Trinidad que las tres formas coexistentes coeternas que conforman a Dios. Si esto representa un problema para usted, considere esto:

La palabra -abuelo- tampoco es utilizada en la Biblia Abraham fue el abuelo de Jacob, de manera que no hay que obsesionarnos con el termino mismo Trinidad.

Lo que realmente debe importar es que el concepto representado por la palabra Trinidad existe en las Escrituras.

La Trinidad va más allá del alcance de la comprehención humana, la lógica humana no puede comprenderlo sin la ayuda de Dios. Las Escrituras nos lo revela.

La Trinidad está compuesta de tres (personas) que son las tres formas en las que se nos revela Dios.

El padre   El Hijo   El Espíritu Santo   =   Dios

Los tres son Dios.

- *No nada más El Padre.*
- *No nada más El Hijo.*
- *No nada más El Espíritu Santo.*

Los tres juntos son Dios, aunque cada uno se distingue del otro, inseparables, interdependientes, eternamente unidos, un ser divino.
Y esto lo vamos a comprobar a la luz de la verdad, la palabra de Dios.

Comencemos por Dios El Padre.

Dios es el creador de todo.

En el principio creo Dios los cielos y la tierra.

Génesis 1:1

Entonces dijo hagamos al hombre a nuestra imagen.

Dios el creador de los cielos y de la tierra es nuestro Padre.

Un Dios y Padre de todos el cual es sobre todos y por todos, y en todos.

Efesios 4:6

Dios el Padre tiene un nombre que nos lo revelo desde el principio, su nombre es Jehová.

Yo soy Jehová tu Dios.

Éxodo 20:2

Porque así dijo Jehová, que creo los cielos; él es Dios, el que formo la tierra, el que la hizo y la compuso; no la creo en vano, para que fuese habitada la creo: Yo soy Jehovah, y no hay otro.

Isaías 45:18

Rociad, cielos, de arriba, y las nubes destilen la justicia; abrase la tierra y prodúzcanse la salvación y la justicia; háganse brotar juntamente. Yo Jehová lo he creado.

Isaías 45:8

Cada vez que el nombre de Jehová es mencionado en la Biblia, se refiere a Dios El Padre, creador de todo.

Porque en seis días hizo Jehová Dios los cielos y la tierra, el mar y todas las cosas que en ellos hay.

Éxodo 20:11

¿Cómo Jehová Dios creo todo?

Jehová con sabiduría fundo la tierra, afirmo los cielos con inteligencia, con su ciencia los abismos fueron divididos.

Proverbios 3:19-20

*Jehová Dios El Padre es invisible (***1 Timoteo 1:17***), todo lo que no podemos ver, procede de Él.*

La sabiduría, la inteligencia, el conocimiento, la ciencia, el amor, la paciencia, la fe, la clemencia, la bondad, la piedad, la misericordia, la benignidad, la gloria, la vida, la fortaleza, la fuerza, el poder, el resplandor, la palabra, el espíritu, la paz, etc.
Todo procede de Él, todo eso invisible que no podemos ver, ha existido desde la eternidad, todo eso invisible es Jehová Dios el Padre, y sin El no existe NADA.

Y él es antes de todas las cosas, y todas las cosas en el subsisten.

Colosenses 1:17

Por tanto, al Rey de los siglos, inmortal, invisible al único y sabio Dios, sea honor y gloria por los siglos de los siglos. Amen.

1 Timoteo 1:17

Todas las cosas proceden del Padre, si tú tienes vida esa vida procede de Jehová Dios El Padre, nada es comparable a su poder, esto va a ser un solo ejemplo pequeño a comparación de lo que Él es:

Estamos viviendo en un mundo modernista, el ser humano se ha vuelto dependiente de la electricidad, la luz, la televisión, la computadora, estos y muchos otros más son aparatos del diario vivir, pero estos solo funcionan por la electricidad. Para poder obtener electricidad es necesario que haya voltaje, energía y fuerza.

- *Voltaje: potencia eléctrica.*
- *Energía: capacidad para realizar un trabajo o actividad.*
- *Fuerza: poder*

La electricidad es originada por las cargas eléctricas en reposo o en movimiento, para que funcione un aparato electrónico se necesita corrientes eléctrica, es un desplazamiento de cargas eléctricas. Nunca funcionan sin la corriente eléctrica.

Fuente de poder

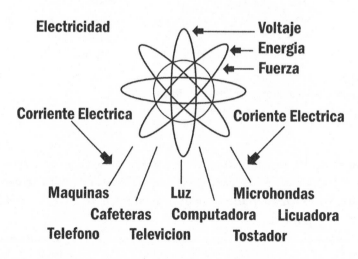

No fuente de poder,
No electricidad
No corriente eléctrica
No fuese posible Nada
Laptop, Luz, microondas, licuadora, tostador, cafetera, celular

NO FUESE POSIBLE NADA DE ESTO
Jehová es como la fuente de poder del ejemplo anterior, sin Él, no existe NADA.

Todas las cosas por el fueron hechas, y sin él nada de lo que ha sido hecho, fue hecho.

S. Juan 1:3

Para nosotros sin embargo solo hay un Dios el Padre del cual proceden todas las cosas.

1 Corintios 8:6

JEHOVA

Por que las cosas invicibies de El,
su eterno poder y deidad,
se hacen
claramente visibles
desde la creacion del mundo,
siendo entendidas
por medio de las
cosas hechas, de modo que
no tienen excusa.
Romanos 1:20

Tierra

Vida, conocimiento, sabiduria, inteligencia
amor y todas las cosas.

Porque en él fueron creadas todas las cosas, las que hay en los cielos y las que hay en la tierra, visible e invisibles, sean tronos, sean dominios, sean principados, sean potestades, todo fue creado por medio de él y para él.

Colosenses 1:16

Si tú tienes vida esa vida procede de Dios el Padre, si tú tienes sabiduría proviene de Dios el Padre, si tú tienes amor ese amor procede de Dios el Padre.

Con Dios está la sabiduría y el poder; suyo es el consejo y la inteligencia.

Job 12:13

Porque Jehová da la sabiduría y de su boca viene el conocimiento y la inteligencia.

Proverbios 2:6

Conmigo está el consejo y el buen juicio, yo soy la inteligencia, mío es el poder.

Proverbios 8:14

Todo lo ha creado Dios y todo procede del Padre, sin él no podríamos hacer nada, todo lo que el hombre logra hacer es gracias a Dios, ya sea un edificio, una pieza de arte, un platillo de comida o cualquier cosa. Y ni el constructor, ni el artista de arte, ni el cocinero o chef, se deben vanagloriar a sí mismos, si no reconocer y agradecer a Dios. Porque Dios es el que provee tanto las fuerzas, la inteligencia y la creatividad para poder lograrlo, como también el material, herramienta e ingredientes, todo es de Dios, de Dios procede tanto lo visible como lo invisible.

Porque toda cosa es hecha por alguno; pero el que hizo todas las cosas es Dios.

Hebreos 3:4

Señor dingo eres de recibir la gloria y la honra y el poder; porque tu creaste todas las cosas y por tu voluntad existen y fueron creadas.

Apocalipsis 4:11

A Dios nadie le ha visto jamás; el unigénito Hijo, que está en el seno del Padre, le ha dado a conocer.

S. Juan 1:18

Ahora pues, Jehová, tú eres nuestro Padre, nosotros barro y tú el que nos formaste; así que obra de tus manos somos todos nosotros.

Isaías 64:8

Dios El Padre tiene un Hijo, que ha existido desde la eternidad.

Y él es antes de todas las cosas, y todas las cosas en el subsisten.
Colosenses 1:17

para salvar a la humanidad, los profetas de la Biblia lo revelaron atraves de profecías mucho antes de que llegara a la tierra.

Por tanto el Señor mismo os dará señal: He aquí que la virgen concebirá y dará a luz un hijo, y lo llamara su nombre Emanuel.
Isaías 7: 14

Porque un niño nos es nacido, hijo nos es dado, y el principado sobre su hombro; y se llamara su nombre admirable, consejero.
Dios fuerte, Padre eterno, príncipe de paz.
Isaías 9:6

Desde las profecías revelaron que el Hijo es Dios.
Todas las profecías que hacen referencia al Hijo de Jehová, fueron cumplidas años después.

Entonces el ángel le dijo: María, no temas, porque has hallado gracia delante de Dios.
Y ahora, concebirás en tu vientre, y darás a luz un hijo, y llamaras su hijo JESUS.
S. Lucas 1:30-31

Entonces María dijo al ángel: ¿cómo será esto? Pues no conozco varón
Respondiendo el ángel, le dijo: El Espíritu Santo vendrá sobre ti, y el poder del Altísimo te cubrirá con su sombra; por lo cual también el Santo Ser que nacerá, será llama do Hijo de Dios.
S. Lucas 1:34-35

Jesús es el único ser que ha llegado aquí a la tierra de esta manera, un ser Santo, Divino, Único.
Dios El Padre ama tanto a su Hijo unigénito que le ha entregado TODAS las cosas.

El Padre ama al Hijo y todas las cosas ha entregado en su mano.

S.Juan 3:35

Palabras de Jesucristo

Todas las cosas me fueron entregadas por mi Padre, y nadie conoce al Hijo si no el Padre, ni al Padre conoce alguno si no el Hijo.

S. Mateo 11:27

Todo lo que procede del Padre, todo el conocimiento, la sabiduría, la inteligencia, la palabra, la verdad, el amor, la paciencia, la misericordia, la paz, la bondad, la benigni dad, la piedad, la prudencia, la luz, el poder, la fuerza, la fortaleza, la vida, su espíritu, todo eso invisible y lo visible, se lo entrego todo a Jesús su Hijo en sus manos.

Jesús es Dios

Palabras de Jesucristo.

Toda potestad me es dada en el cielo y en la tierra.

S.Mateo 28:18

Su palabra nos lo revela.

Sabiendo Jesús que el Padre le había dado todas las cosas en las manos y que había salido de Dios, y a Dios iba.

S. Juan 13:3

'"que había salido de Dios y a Dios iba"'

Jesús salió de Dios --- del Padre de lo invisible, la sabiduría, la inteligencia, el conocimiento, la palabra, la verdad, la luz, la paz, la misericordia, la bondad, la benignidad, la piedad, la prudencia, la fuerza, el poder, la vida, etc.

Y a Dios iba --- a lo invisible, al Padre, la sabiduría, la inteligencia, el conocimiento, la luz, el poder, la fuerza, la paz, el amor, la paciencia, la misericordia, la piedad, la vida etc.

Jesús es la imagen de Dios El Padre

En el principio era el Verbo, y el Verbo era con Dios y el Verbo era Dios.

S. Juan 1:1

¿Quién era el Verbo?

Y aquel Verbo fue hecho carne, y habito entre nosotros (y vimos su gloria, gloria como del Unigénito del Padre), lleno de gracia y de verdad.

S. Juan 1:14

Jesucristo es Dios El Hijo.

Cuando Jesús estuvo aquí en la tierra.

- *Sano enfermos*
- *Curo a paralíticos con el poder de su palabra*
- *El mar y el viento le obedecían.*
- *A los ciegos les regresaba la vista.*
- *Camino sobre el mar.*
- *Dio de comer a miles en el desierto.*
- *Sano a lunáticos*
- *Sano a leprosos.*
- *Sacaba demonios.*
- *Sacaba espíritus inmundos.*
- *Resucito a muertos.*
- *Camino con paz, misericordia, amor, paciencia y sabiduría.*
- *Vivió una vida sin pecado.*
- *Murió en la cruz y resucito al tercer día.*

La gente más estudiada en esa época decía:

¡Jamás hombre alguno ha hablado como este hombre!

S. Juan 7:46

Ningún ser humano tiene la capacidad de hacer todo esto, solamente Dios Jesucristo El Hijo.

Ahora entendemos que sabes todas las cosas y no necesitas que nadie te pregunte; por esto creemos que has salido de Dios.

S. Juan 16:30

Las Escrituras nos revelan que Dios es eterno, es Todopoderoso, que él solo puede dar vida, que es Omnipotente, y que el merece toda la gloria y honra, características y atributos únicos que también los encontramos en Jesucristo, siendo Jesús la imagen del Dios invisible.

Dios es eterno:
Jesucristo es el mismo ayer, hoy, y por los siglos.

Hebreos 13:8

Todos los atributos de Dios El Padre en el Viejo Testamento, se desarrollan plenamente en Jesús.
Yo y el Padre uno somos.

S. Juan 10:30

Palabras de Jesucristo.

Ahora han conocido que todas las cosas que me has dado proceden de ti.

S. Juan 17:7

Jesús es Dios.

En el mundo estaba, y el mundo por él fue hecho, pero el mundo no le conoció.

S. Juan 1:10

Palabras de Jesucristo.

¿No crees que yo soy en el Padre, y el Padre en mí? Las palabras que yo os hablo, no las hablo por mi propia cuenta, si no que el Padre que mora en mí, él hace las obras.

S. Juan 14:10

Creedme que yo soy en el Padre, y el Padre en mí, de otra manera creedme por las mismas obras.

S. Juan 14:11

E indiscutiblemente, grande es el misterio de la piedad:

Dios fue manifestado en carne.

1Timoteo 3:16

Que Dios estaba en Cristo reconciliando consigo al mundo.

2 corintios 5:19

Cuando Jesucristo estuvo aquí en la tierra, toda la gente se sorprendía de todo su conocimiento, al estudiar los 4 evangelios encontramos muchos versículos que Jesús es Dios.
Felipe uno de sus discípulos le dijo:

Señor, muéstranos al Padre y nos basta.

S. Juan 14:8

Jesús respondió:

¿Tanto tiempo hace que estoy con vosotros, y no me has conocido, Felipe? El que me ha visto a mí, ha visto al Padre; ¿Cómo, pues, dices tú: Muéstranos el Padre? S. Juan 14:9

Yo y el Padre uno somos.

S. Juan 10:30

El Espíritu Santo.

Dios es Santo, y Dios es Espíritu.

Dios es Espíritu; y los que le adoran en espíritu y en verdad es necesario que adoren.

S. Juan 4:24

El Espíritu Santo es el Espíritu de Dios, las Escrituras lo revelan. Cuando Jesucristo resucito, después de haber muerto en la cruz, toda la multitud que creyó y seria en su palabra, eran de un corazón y un alma y todo lo que poseían cada uno lo compartían con todos y todo era de todos. Pero hubo un hombre llamado Ananías junto con su mujer Safira que no lo hicieron así, y al vender lo que poseían, se quedaron con una parte. (**Hechos 4:32***)*

Y dijo Pedro: Ananías ¿Porque lleno Satanás tu corazón para que mintieses al Espíritu Santo, y sustrajeses del precio de la heredad?

Hechos 5:3

¿A quién estaba mintiendo Ananías?

¿Reteniéndola, no se te quedaba a ti? ¿Y vendida, no estaba en tu poder? ¿Porque pusiste esto en tu corazón?
No has mentido a los hombres, si no a Dios.

Hechos 5:4

¿A quién mintió Ananías?

La palabra nos revela acerca del Espíritu Santo, sin la revelación que encontramos en la Biblia, no podríamos saber nada.
Otras ideas fuera de la Biblia no son más que opiniones humanas.

*(***1 Corintios 4:6***).*

El Espíritu Santo es invisible y tiene cualidades.

- *Una de sus cualidades es que escudriña los corazones, esto quiere decir que hay inteligencia* (**1 Corintios 2:10**)*.*
- *El Espíritu Santo de Dios, puede usar su inteligencia, para comunicar sus deseos o revelar su ser.*
- *El Espíritu Santo es el que nos da testimonio a nuestro espíritu de que somos hijos de Dios* (**Romanos 8:16**)*.*
- *El Espíritu Santo expresa su voluntad, ya sea para prohibir una actividad o hacer una actividad* (**Hechos 16:6-7**)
- *El Espíritu Santo es el que nos enseña y recuerda todas las enseñanzas del Padre, por medio de Jesucristo.* (**S. Juan 14:16**)*.*
- *El Espíritu Santo es el que nos convence de que somos pecadores.* (**S. Juan 16:8**)
- *El Espíritu Santo nos ayuda a nosotros como seres humanos en Cristo en nuestras debilidades e intercede por nosotros* (**Romanos 8:26**)

El Espíritu Santo no es una cosa ni una fuerza activa, es una personalidad inteligente, y esa inteligencia Dios la usa para el beneficio de su pueblo.

El Espíritu Santo siente.

Pablo en Efesios 4:30 nos advierte contra la posibilidad de causar tristeza al Espíritu Santo, por nuestras malas actitudes y obras.

El Espíritu Santo es Dios.

Por tanto os digo: Todo pecado y blasfemia será perdonada a los hombres; mas la blasfemia contra el Espíritu, no les será perdonada.

S. Mateo 12:31

A cualquiera que dijere alguna palabra contra el Hijo del Hombre, le será perdonada; pero al que hable contra el Espíritu Santo, no le será perdonado, ni en este siglo ni en el venidero.

S. Mateo 12:32

La única manera de entender la naturaleza del Espíritu Santo es por medio de la palabra de Dios la Biblia estudiando las Escrituras. La Biblia enseña claramente que el Espíritu Santo es igual al Padre y al Hijo.

Dios ha existido desde la eternidad y por su voluntad creo al mundo y todo lo que hay en él, creo al hombre y a la mujer - Adán y Eva -

Adán y Eva fueron los primeros seres de la humanidad, Dios los puso en un jardín santo, todo era puro y bueno, hasta que Adán y Eva traicionaron y desobedecieron a Dios.

El castigo por ese pecado fue la muerte.

La paga del pecado es muerte.

Romanos 6:23

Dios por su misericordia tan grande, amor y paciencia, no destruyo al ser humano, a pesar de la traición y desobediencia, Dios no se ha olvidado de nosotros.

Miles de años después se dio cuenta de que todos los seres humanos de la descendencia de Adán y Eva se habían olvidado de él, y que sus corazones eran malos y que había mucha maldad en la tierra. Entonces Jehová se arrepintió de haber hecho al ser humano y le dolió en su corazón. **(Génesis 6:5).**

Y miro Dios la tierra y he aquí que estaba corrompida; y estaba la tierra llena de violencia. **(Génesis 6:11).** *Pero Dios encontró solo a un hombre que hallo gracia ante los ojos de Dios, a Noé* **(Génesis 6:8).** *Dijo Dios a Noé, he decidido el fin de todo ser. Y por la maldad y violencia que había en la tierra, Dios destruyo a todo ser viviente, humanos y animales, con un diluvio; menos a Noé y su familia y una pareja de cada especie de animales.*

Dios le dijo a Noé al finalizar el diluvio, fructificar y multiplicaos, procread abundantemente en la tierra y multiplicaos en ella **(Génesis 9:7)**

Muchos años después, Dios, eligió a un hombre llamado Abraham de la descendencia de uno de los hijos de Noé, para formar su pueblo, pueblo que vivirá con Dios por la eternidad.

Desde esa época Dios dirige y guía a su pueblo, para salvarlos de la muerte y darles vida eterna hasta hoy.

¿Pero cómo Dios dirige y guía a su pueblo?

La respuesta nos la da la Biblia, al escudriñar las Escrituras nos damos cuenta de que Dios nunca se ha olvidado del ser humano, la Biblia entera nos lo revela.

En el Antiguo Testamento:

Es Jehová El Padre dirigiendo a su pueblo; Jehová se comunicaba con su pueblo por medio de los profetas, y así eran guiados, en algunos casos, Jehová hablaba directamente, lo vemos con Noé, Abraham, Moisés atraves de sueños, visiones, voces, resplandores, fuego y muchas otras maneras más.

Años después Jehová anuncia por medio de los profetas que vendría su hijo a la tierra El mesías.

Dios habiendo hablado muchas veces y de muchas maneras en otro tiempo a los Padres por los profetas en estos postreros días nos

ha hablado por el Hijo a quien constituyo heredero de todo y por quien así mismo hizo el universo.

Hebreos 1:1-2

Todo el Antiguo Testamento es el registro de los tiempos del Padre. Es el Padre dirigiendo y guiando a su pueblo.

En el Nuevo Testamento:

Es el nacimiento y vida de su Hijo Jesucristo, profecías de los tiempos del Padre cumplidas años después. Es Dios hecho carne.

Los cuatro evangelios son el registro de los tiempos del Hijo, es el Hijo Jesucristo dirigiendo y guiando a su pueblo.

Tanto en los tiempos del Padre como en los tiempos del Hijo, hubo mucha gente que no creía y no creyó en Dios, de lo contrario nunca hubieran crucificado a Jesús. Tanto en los tiempos del Padre como en los tiempos del Hijo solamente eran guiados los creyentes, los que creían y amaban a Dios, tanto al Padre como al Hijo.

¿Y en estos tiempos como somos guiados?

Antes de que Jesucristo muriera en la cruz, nos dijo que no nos dejaría solos, que convenía que él se fuera y que íbamos a ser guiados por el Espíritu Santo.

Palabras de Jesucristo

Pero os digo a la verdad: Os conviene que yo me vaya; porque si no me fuera el Consolador no vendría a nosotros; mas si me fuere, os enviare.

S. Juan 16:7

Mas el Consolador, el Espíritu Santo a quien el Padre enviara en mi nombre, él os enseñara todas las cosas, y os recordara todo lo que yo os he dicho.

S. Juan 14:26

Y cuando el venga convencerá al mundo de pecado, de justicia y juicio.

S. Juan 16:8

Pero cuando venga el Espíritu de verdad, él os guiara a toda la verdad.

S. Juan 16:13

El me glorificara; porque tomara de lo mío, y os lo hará saber.

S. Juan 16:14

Todo lo que tiene el Padre es mío, por eso dije que tomara de lo mío y os lo hará saber.

S. Juan 16:15

El Padre, El Hijo y El Espíritu Santo comparten la misma esencia de su naturaleza divina, y se relacionan los tres de una manera inseparable aunque cada uno se distingue del otro.

En estos tiempos del Espíritu Santo, así como en los tiempos del Padre como en los tiempos del Hijo, solamente son guiados los que creen en las Escrituras, la Biblia, la palabra de Dios y han recibido de todo corazón tanto al Padre como al Hijo.

Todo aquel que niega al Hijo tampoco tiene al Padre, el que confiesa al Hijo, tiene también al Padre.

1 juan 2:23

Palabras de Jesucristo.

El que cree en mí como dice la Escritura de su interior correrán ríos de agua viva.

S. Juan 7:387

Esto dijo del Espíritu que habían de recibir los que creyesen en él.

S. Juan 7:39

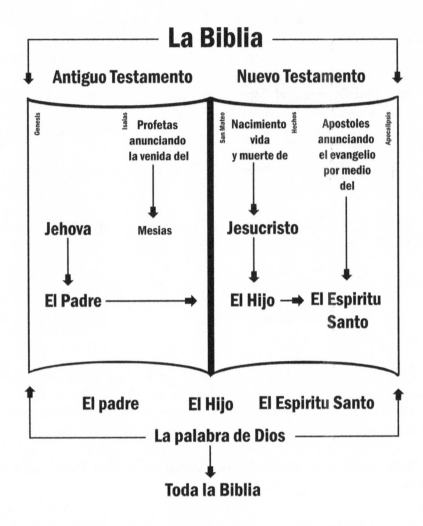

Dios se nos revela en tres formas divinas únicas inseparables, nos revela su ser.

Porque tres son los que dan testimonio en el cielo: el Padre, el Verbo y el Espíritu Santo; y estos tres son uno.

1 Juan 5:7

La Biblia

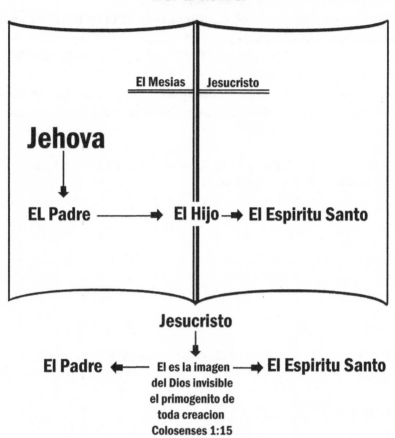

Tanto en el Antiguo Testamento como en el Nuevo Testamento el plan es el mismo y tiene su centro en Jesucristo.

La Biblia Nos revela que El padre, El Hijo y El Espíritu Santo es Dios, las tres formas en las que Dios se nos revela. Cuando Jesús se bautiza vemos la participación de los tres.

El Espíritu Santo descendió sobre el Hijo, mientras el Padre proclama su complacencia en el Hijo.

Y Jesús después que fue bautizado, subió luego del agua; y he aquí los cielos le fueron abiertos, y vio al Espíritu de Dios que descendía como paloma, y venia sobre él.

Y hubo una voz de los cielos, que decía: Este es mi Hijo amado, en quien tengo complacencia.

S. Mateo 3:16-17

Por tanto id y haced discípulos a todas las naciones, bautizándolos en el nombre del Padre del Hijo y del Espíritu Santo.

S. Mateo 28:19

Porque tres son los que dan testimonio en el cielo: el Padre, el Verbo y el Espíritu Santo; y estos tres son uno.

1 Juan 5:7

Tanto el Padre como el Hijo como el Espíritu Santo, son la verdad y cada uno lo dice pues los tres son uno.

El Padre.

Mas Jehová Dios es la verdad, el Dios vivo y Rey eterno.

Jeremías 10:10

El Hijo

Yo soy el camino y la verdad y la vida, y nadie viene al Padre si no por mí.

S. Juan 14:16

El Espíritu Santo.

Este es Jesucristo, que vino mediante agua y sangre; no mediante agua solamente, sino mediante agua y sangre. Y el Espíritu es el que da testimonio; porque el Espíritu es la verdad.

1 Juan 5:6

Las tres formas divinas en las que Dios se nos revela.

LA BIBLIA

La Biblia es la palabra de Dios, es un mensaje de Dios para el hombre, y no un mensaje del hombre para el mismo hombre.

Dios nos dejó la Biblia por amor, el propósito es revelar a la mente humana, en palabras claras exactas y entendibles la verdad de Dios, para que todos los hombres conozcan la voluntad de Dios.

La palabra "Biblia" es una palabra de origen griego "Tabib^ia "que significa los libros o rollos de papiro.

La Biblia es el conjunto de muchos libros que en un principio eran documentos separados de diferentes épocas, que al leerlos todos es notorio que hay una secuencia y coherencia perfecta que une a todos los libros.

La Biblia es un libro compuesto de:

- *66 libros*
- *1,189 capítulos*
- *31,103 versículos*

La Biblia está dividida en dos partes.

- *El Antiguo Testamento (antes de Cristo)*
- *El Nuevo Testamento (después de Cristo)*

La palabra "Testamento" está vinculada con la palabra latina "testamentum" que significa pacto.

- *El Antiguo Pacto. (39 libros)*
- *El Nuevo Pacto. (27 libros)*
Son el registro vivo de la palabra de Dios.

La Biblia fue escrita en un periodo de 1500 años originalmente escrita en tres idiomas: hebreo, arameo y griego, escrita en los continentes de África, Europa y Asia. 100% inspirada por Dios.

Toda escritura es inspirada por Dios, y útil para enseñar y redargüir, para corregir para instruir en justicia.

2 Timoteo 3:16

La Biblia es el libro más publicado, el más traducido, el más vendido en toda la historia de la humanidad.

¿Qué evidencias tenemos de que la Biblia es un libro verdaderamente inspirado por Dios?

1. *La edad del libro, más de tres mil años que empezó a escribirse y cerca de 20 siglos que se terminó de escribir.*
2. *La demanda del libro, en lugar de disminuir, con el paso de los años su demanda aumenta cada vez más.*
3. *Sus profecías se cumplen.*

Entendiendo primero esto, que ninguna profecía de la Escritura es de interpretación privada, porque nunca la profecía fue traída por voluntad humana, sino que los santos hombres de Dios hablaron siendo inspirados por el Espíritu Santo.

2 Pedro 1:20-21

4. *Tiene poder para transformar a la humanidad, miles pueden testificarlo.*

Porque la palabra de Dios es viva y eficaz, y más cortante que toda espada de dos filos, y penetra hasta partir el alma y el espíritu, las coyunturas y los tuétanos, y discierne los pensamientos y las intenciones del corazón.

Hebreos 4:12

¿Quién escribió la Biblia?

La Biblia fue escrita por alrededor de 40 personas procedentes de todos los niveles sociales de la vida; Todos ellos vivieron en diferentes culturas, épocas y experiencias existenciales, entre ellos: reyes, campesinos, Pescadores, hombres de estado, médicos, poetas, agricultores, sabios, pastores de ovejas, contadores, artesanos, pastores casi iletrados, por mencionar algunos de ellos.

- *Nehemías* — *fue mayordomo real*
- *Pedro* — *fue pescador*
- *Lucas* — *fue medico*
- *Mateo* — *fue cobrador de impuestos*
- *Salomon* — *fue un Rey*
- *Moíses* — *fue Pastor*
- *Pablo* — *fue Hacedor de tiendas*
- *Jeremías* — *Escribió con profundo dolor*
- *David* — *Escribió con gran gozo en las Colinas de Judá*
- *Pablo Escribió desde el foso de la desesperación en una cárcel de Roma*

Todos ellos y otros más, vivieron en diferentes épocas, siglos, lugares.

Uno pudiese esperar que estos hombres tan diferentes hubieran creado un libro lleno de mescolanzas lleno de confusión, de incoherencias y puros disparates; Pero lo sorprendente es que no es así, sino todo lo contrario, la Biblia muestra tal armonía asombrosa, y una coherencia consistente que muestra una unidad impresionante, y esto solo definitivamente lo pudo haber creado Dios.

Aunque la Biblia fue escrita por seres humanos es verdaderamente la palabra de Dios. Todos fueron inspirados por Dios siendo instrumento para que Dios nos revelara su ser y voluntad.

La Biblia no habla precisamente a favor del hombre, al leerla a profundidad, nos revela la condición, del ser humano y señala y apunta la debilidad del hombre y el pecado.

La Biblia es realmente la palabra de Dios, el hombre no hubiese podido escribirla, porque no estamos capacitados.

La Biblia es la revelación de Dios para la humanidad de su ser y voluntad.

¿Que contiene la Biblia?

La mente de Dios, su ser y su voluntad, la condición del hombre pecador, la condenación de los pecadores, su plan de salvación, la guía a nuestro camino, y muchísimas cosas más.

El Antiguo Testamento en sus 39 libros, contiene: la historia de la creación del mundo y del hombre, la ley los 10 mandamientos, profecías que anuncian la venida del mesías Jesucristo, historias que nos revelan como Dios dirigía a su pueblo que apunta a su plan de salvación, en la actualidad esas historias nos sirven como ejemplo para cómo debemos actuar ante toda circunstancia de la vida.

En el Nuevo Testamento en sus 27 libros contiene las profecías del Antiguo Testamento cumplidas en el nacimiento y vida de Jesús, sus enseñanzas muerte, resurrección y glorificación, contiene la historia del comienzo de la iglesia como él (cuerpo de Cristo), las enseñanzas de Jesús que guían al pueblo de Dios (los que han puesto la fe en Jesús), profecías que anuncian su segunda venida, el juicio y condenación para los que no hayan creído en Jesucristo Hijo de Dios nuestro Salvador ni hayan guardado sus mandamientos.

Explica cómo hacer frente a los problemas, pues Dios es nuestro Padre guiándonos para alejarnos del mal camino que lleva a la condenación.

La Biblia contiene la verdad, no basta con leerla una sola vez, la Biblia es la base y guía a toda tu vida, contiene muchísima información para la respuesta a los problemas de toda la humanidad.

La Biblia es una mina de Tesoro, si Dios nos dejó su palabra, en un libro es porque todos tenemos la capacidad de comprenderla.

¿Pero cómo comprenderla?

Primeramente estar conscientes de que es la palabra de Dios y es tu Padre hablándote. Buscarlo de todo corazón, orar para que nos de sabiduría y entendimiento y si lo pedimos de todo corazón nos lo concede.

Al leer la Biblia hay que identificar que estamos leyendo, la Biblia contiene:

- *Historias*
- *Poesías*
- *Profecías*
- *Evangelios*
- *Cartas (dirigidas a la iglesia)*
- *Leyes*
- *Canciones*
- *Enseñanzas (de Jesus)*

Historias: de Génesis a Ester y Hechos 90% se entiende es literal, se requiere investigación por la época, eran otras tiempos otras costumbres.

Poesía e historias: Salmos, Proverbios, Cantares, Eclesiastés, Job 85% se entiende es literal, 15% es simbólico o figurado, metáfora.

Profecías: de Isaías a Malaquías y Apocalipsis 95% No se entiende se requiere escudriñar las Escrituras, 5% es literal se entiende.

Evangelio: S. Mateo, S. Marcos, S. Lucas, S. Juan 85% se entiende es literal, 15% son parábolas, simbolismos, metáforas.

Cartas: de Romanos a Judas 90% se entiende es literal, 10% sentido figurado.

Parábolas: Jesucristo es el creador de las parábolas, era su método de enseñanza favorito.

Una parábola hace trabajar la mente para reflexionar. Una parábola es la semejanza de la esencia de una cosa con otra, cuyo fin es enseñar una verdad.

Jesús utilizaba frecuentemente parábolas para enseñar las verdades del reino de los cielos en una forma que estuviese al alcance de todos.

Una parábola hace acercar el corazón a un razonamiento para comprender y obtener un entendimiento claro de la verdad, la palabra de Dios.

Jesús veía la semejanza (la esencia) del reino de los cielos en algo terrenal, que todos conociéramos, para que nosotros podamos comprender con claridad lo que nos quería revelar.

Palabras de Jesucristo

El reino de los cielos es semejante al grano de mostaza.

S. Mateo 13:31

El reino de los cielos es semejante a la levadura.

S. Mateo 13: 33

Los versículos anteriores son parábolas de Jesucristo.

Analicemos: La parábola de la levadura.

El reino de los cielos es semejante a la levadura que tomo una mujer, y escondido en tres medidas de harina hasta que todo fue leudado.

S. Mateo 13:33

Jesús hablaba en ocasiones con parábolas para ampliarnos la mente y tener mayor comprensión, claridad y entendimiento, las parábolas hacen acercar el corazón a un entendimiento más profundo.
En esa época todos conocían perfectamente la función de la levadura, era parte del diario vivir, en esa época.

¿Qué es la levadura?

Es una masa agria en un grado de fermentación, se usaba generalmente para hacer pan.

El proceso de fermentación llevaba tiempo, por eso cuando había necesidad de preparar comida a corto plazo se usaban tortas sin levadura. La levadura es esa porción de masa agria que afecta poco a poco a toda la masa hasta que se esparce por cada partícula de la masa, una vez que la levadura se impregno por cada particular de la masa ya queda preparada.

"El reino de los cielos es semejante a la levadura"

El reino de los cielos seria uno penetrante, es decir, un crecimiento con la fuerza para extenderse a todo el mundo.

La masa representa al mundo, la levadura la palabra de Dios, que sería el reino de los cielos. Dios poco a poco hará su influencia manifestarse en el mundo.

Cuando Jesús se apareció después de haber resucitado a sus discípulos les dijo:

Id por todo el mundo y predicad el evangelio a toda criatura.
S. Marcos 16:15

Así como no se puede ver el efecto o trabajo de la levadura en la masa, solo vemos el resultado final, de igual manera al esparcirse la influencia del reino de Dios, a menudo es ignorada.

El reino de los cielos no vendrá con advertencias.
S. Lucas 17:20

Dijo Jesús: "hasta que todo fue leudado"

Ninguna parte de la masa (el mundo) va a quedar sin ser tocada por la levadura (la palabra de Dios). El evangelio se va a esparcir.

La Biblia antes era prohibida, nadie la podía leer ni tener, la iglesia la tenía en su poder y las personas solo podían escuchar pocas porciones de la Biblia cuando iban a la iglesia. La iglesia quería tener el control de la sociedad ocultando la verdad, la palabra de Dios, pues sabían que la Biblia tiene poder.

Pero ahora en la actualidad tenemos el privilegio de tener la Biblia y leer y conocer la verdad. En estos tiempos es el libro más vendido y traducido y ya lo encontramos en todos lados.

Todos van a escuchar el evangelio, pero no todos lo van a recibir en sus corazones, Dios nos dio libre albedrio, en la parábola del sembrador Dios nos dice que no todos van a creer.
Parábola del sembrador **(S. Mateo 13:1-9)**
Jesús mismo explica la parábola **(S. Mateo 13:18-23)**

Nosotros como creyentes nuestra misión es predicar el evangelio, para avanzar el reino de Dios.

Metáfora:

El objetivo de las metáforas va más allá, pues actúan impregnando el contexto a quien lee, le hace reflexionar, es la toma de conciencia. Metáfora es la semejanza de algo con lo que es real, consiste en describir algo atreves de su semejanza con otra, la metáfora es el vehículo imaginario o ilustrativo que se asemeja a la realidad; es una de las vías para comprender algo atraves de otra.
Por ejemplo:

Se para mí una roca de refugio.

Salmos 71:3

Vehículo ilustrativo ----- roca, refugio
Realidad.---------------- seguridad, fuerza, protección

La metáfora es para facilitar el entendimiento de algo o para resaltar una característica o producir énfasis atraves del objeto que se ha identificado semejanza con el otro.

¿Porque es importante leer la Biblia?
La Biblia es la base y la explicación de quienes somos - es el manual de cómo funciona el corazón del hombre - La Biblia como es la palabra de Dios, nos deja saber cuál es nuestra condición como seres humanos y cuál es nuestra posición ante Dios.

Dios es amor y su amor es tan grande que creo un plan de salvación para salvarnos de la muerte, por eso es importante leer la Biblia, para poder comprender nuestra condición como seres humanos, cual es nuestra posición ante Dios, y cuál es su plan de salvación.

Leer la Biblia nos da conocimiento de la verdad como condición humana y en la posición que estamos ante Dios, y al comprenderlo nos vuelve sabios para alcanzar la salvación.

De lo contrario sin conocimiento no hay comprensión y si no hay comprensión mucho menos sabiduría y sin sabiduría no hay salvación.

Las Sagradas Escrituras, las cuales te pueden hacer sabio para la salvación por la fe que es en Cristo Jesús.

2 Timoteo 3:15

Escudriñar las escrituras; porque a vosotros os parece que en ellas tenéis la vida eterna; y ellas son las que dan testimonio de mí, y no queréis venir a mí para que tengáis vida.

S. Juan 5:39

La Biblia es la palabra de Dios, es la manera en que él se comunica con nosotros, para comprender esta grandeza, hay que ver el verdadero significado de la "palabra".

Toda palabra comunica algo, una palabra transmite; la palabra es la acción de una persona que expresa algo de sí mismo y se dirige a otra para establecer comunicación. Si analizamos vemos que hablar es dirigirse a otro, por el simple hecho de dirigir la palabra a otra persona, está manifestando el querer ser escuchado y comprendido y de obtener una respuesta.

La Biblia tiene mucho poder, es Dios comunicándose con nosotros, es el único que sabe cómo funciona nuestra mente, espíritu, corazón y nos habla atreves de su palabra.

Es por eso que la Biblia tiene un contenido único, es Dios hablándonos, su palabra posee un contenido que comunica que transmite que expresa y que espera una contestación y una respuesta.

La Biblia la palabra de Dios, interpela es autoritativa, es acogida, quiere ser recibida, reclama una respuesta, es un libro único y divino.

La palabra de Dios interpela: es decir la Biblia posee la capacidad de exigir una explicación sobre un asunto. Interpelar es requerir a alguien que dé explicaciones de algo. Es dar explicación sobre un hecho, algunos sinónimos de interpelar son: interrogar, preguntar, requerir, pedir, demandar, suplicar, solicitar explicación.

La palabra de Dios es autoritativa: es decir que la Biblia tiene la capacidad, la facultad de mandar y hacerse obedecer. Algunos sinónimos de autoritativa son: poder, mando, dominio, potestad.

La palabra de Dios es acogida: es decir que la Biblia ofrece un recibimiento cuando una persona la lee; da protección y cuidado a toda persona que necesita ayuda o refugio.

La palabra de Dios quiere ser recibida: espera por una aceptación o aprobación. Es por eso que espera por una respuesta, una contestación, un resultado; esa respuesta es la fe y la obediencia.

Cuando tu llegas a creer como individuo que la Biblia es inspirada por Dios tu apenas has peleado la mitad de la batalla.

Erráis ignorando las Escrituras y el poder de Dios.

S. Mateo 22:39

El hecho de la existencia de la Biblia, es una evidencia del amor de Dios por nosotros.

Además de que Dios nos revela su ser atraves de la Biblia, la Biblia es la historia de un problema 'el pecado' con una solución Jesucristo.

CRISTIANISMO

¿Qué significa ser cristiano?

El Cristianismo apunta a tener una relación con Dios de hijo a Padre y no una práctica de costumbres, ritos, tradiciones religiosas.

El fundamento del Cristianismo es la fe en Jesús como el Hijo de Dios y el Salvador de la humanidad.

¿Pero de que tiene que ser salvada la humanidad?

Vayamos al principio: El Cristianismo enseña que hay un solo Dios y que en el principio creo el universo con el poder de su palabra **(Génesis 1:1)**, *y en la tierra Dios creo a dos personas Adán y Eva* **(Génesis 1:27)**. *Todo era puro y bueno, no existía el sufrimiento* **(Génesis 1:31)**, *tenían que cuidar el jardín en el que Vivian* **(Génesis 2:15)**, *Dios le dijo que podían comer de todo árbol excepto de 1 el árbol de la ciencia del bien y del mal* **(Génesis 2:16)**. *Poco después Eva es tentada por Satanás para comer de este árbol* **(Génesis 3)**, *Eva cayo en la trampa de Satanás y comió del árbol prohibido junto con Adán, en ese momento los dos tenían un entendimiento del bien y el mal, evidenciado por avergonzarse por su desnudes* **(Génesis 3:7)**.

El desobedecer a Dios les cuesta ser expulsados del jardín del Edén, y el sufrir los efectos de la muerte y la separación y e incomunicación con Dios.

Muchas generaciones después de Adán, Dios eligió un hombre llamado Abraham para formar un gran pueblo que vivirá con Dios por siempre. Pueblo que engendro a Jesús que nos salva de la muerte.

El tiempo se divide en la fecha aproximada del nacimiento de Jesús, para los Cristianos es el mesías prometido.

De acuerdo al Nuevo Testamento Jesús nació de María por medio del Espíritu Santo **(S. Mateo 1:18).**

Jesús vivió una vida sin pecado, pero fue crucificado por todos los pecados de la humanidad como pago para salvarnos de la muerte.

La paga del pecado es muerte más la dadiva de Dios es vida eterna en Cristo Jesús.

Romanos 6:23

Tres días después de su crucifixión venció a la muerte al resucitar de los muertos, para abrir el cielo a los que creen en él y reconciliarnos con nuestro Padre.

Porque hay un solo Dios y un solo mediador entre los hombres Jesucristo hombre.

1 Timoteo 2:5

El cual se dio así mismo en rescate por todos.

1 Timoteo 2:6

Jesús vendrá un día a la tierra a dar vida eterna a los que creen en él o muerte a los que rehúsan.

Nosotros los Cristianos denominamos el mensaje de Jesucristo: Evangelio que significa 'buenas nuevas' buenas noticias para la humanidad.

El verdadero evangelio, es este:

Que Cristo murió por nuestros pecados conforme a las Escrituras y que fue sepultado y que resucito al tercer día conforme a las Escrituras.

1 Corintios 15:3-4

El Cristianismo está basado solamente en las Escrituras la Biblia.

Un verdadero cristiano, no es necesariamente aquel que se dice ser cristiano, puesto que no se trata de decirlo solamente, sino de hacer la voluntad de Dios, o aquel que asiste a la iglesia todos los Sábados o Domingos o participa activamente en la iglesia.

Un verdadero Cristiano es aquel que camina con Dios todos los días, en cualquier prueba que se presente con fe en Jesucristo, regocijándose en su palabra a pesar de cualquier circunstancia o contratiempo de la vida.

Un verdadero cristiano no se mide por las buenas obras, pues las buenas obras no sirven de nada si no lo haces verdaderamente de todo corazón para la honra y gloria de Dios y no para tu propia honra.

El verdadero cristiano tiene amor, fe, esperanza.

No te llames cristiano cuando aún amas el pecado; Cuando los hombres no conocen a Dios, no le temen y por consecuencia no lo obedecen. Si te llamas cristiano y todavía practicas constantemente pecados, tú no conoces a Dios, hay una ignorancia de Dios en tu vida.

Velad debidamente y no pequéis, porque algunos no conocen a Dios; para vergüenza vuestra lo digo.

1 Corintios 15:34

Así dijo Jehová: No se alabe el sabio en su sabiduría, ni en su valentía se alabe el valiente, ni el rico se alabe en sus riquezas.

Mas alábese en esto el que se hubiere de alabar: en entenderme y conocerme, que yo soy Jehová, que hago misericordia, juicio y justicia en la tierra, porque estas cosas quiero, dice Jehová.

Jeremías 9:23

PECADO

Así como se define en las traducciones originales de la Biblia. Pecado significa perder el camino, el camino a la verdad establecido por Dios.

El origen del Pecado.

El que practica pecado es del diablo; porque el diablo peca desde el principio. Para esto apareció el Hijo de Dios, para deshacer las obras del diablo.

1 Juan 3:8

El diablo fue quien origino el pecado

¿Quién es el diablo?

De acuerdo con las escrituras, conocido como Satanás, Lucifer, maligno, serpiente antigua, príncipe de la tierra, padre de la mentira, dragón y otros muchos títulos más; El diablo existe porque fue creado por Dios.

Todas las cosas por medio de él fueron hechas y sin el nada de lo que ha sido hecho fue hecho.

1 Juan 1:3

66

Porque en él fueron creadas todas las cosas, las que hay en los cielos y las que hay en la tierra, visible e invisibles; sean tronos, sean dominios, sean principados, sean potestades; todo fue creado por medio de él y para él.

Colosenses 1:16

Dios No creo el mal, Satanás originalmente era un ángel (un querubín) Dios lo creo perfecto lleno de: sabiduría y lleno de hermosura; pero Dios le otorgo, una voluntad libre, escoger el bien o el mal.

El Diablo originalmente fue un ángel, los tambores y flautas fueron preparados el día de su creación **(Ezequiel 28:13)**

La posición anterior de Satanás.

Cuando Satanás fue originalmente creado era un ángel (querubín). - tu querubín grande - **(Ezequiel 28:14),** santo sabio y perfecto, fue el líder entre los querubines y era el querubín protector, el que comunicaba la verdad de Dios a los demás ángeles.

Su nombre era Lucero que significa portador de luz 'lucero de la mañana' de toda piedra preciosa era su vestimenta **(Ezequiel 28:13).** *Le fue dada una posición única en el santo monte de Dios* **(Ezequiel 28:14).**

Cuando Dios creo a Lucifer, le dio libertad de pensamientos, le dio sabiduría pero le otorgo libre albedrio.

Lucifer comunicaba la luz y el conocimiento de la voluntad de Dios a todos los otros ángeles.

Lucifer no mantuvo su gloriosa posición, la Biblia revela su rebelión y caída.

Perfecto eras en todos tus caminos, desde el día que fuiste creado hasta que se halló en ti maldad.

Ezequiel 28:15

¡Como caíste del cielo, oh Lucero, hijo de la mañana! Cortado fuiste por tierra, tú que debilitabas a las naciones.

Tú que decías en tu corazón: Subiré al cielo, en lo alto, junto a las estrellas de Dios, levantaré mi trono, y en el monte del testimonio me sentaré, a los lados del norte; sobre las alturas de las nubes subiré, y seré semejante al Altísimo.

Isaías 14:12

La caída de Lucifer ocurrió a causa del orgullo, su corazón enaltecido provoco su rebelión y la Biblia nos revela lo que había en el corazón de Lucifer.

Porque se enalteció tu corazón a causa de tu hermosura, corrompiste tu sabiduría a causa de tu esplendor; Yo te arrojare por tierra;

Ezequiel 28:17

Lucifer dijo:
- **Subiré** *al cielo*
- **Levantaré** *mi trono*
- **Me sentaré** *sobre el monte del testimonio*
- **Seré** *semejante al Altísimo*
- **Subiré** *sobre las alturas de las nubes*

Vemos que Lucifer deseaba ocupar el trono de Dios, codiciaba su autoridad, Lucifer quería ser como Dios, y quería la gloria para el mismo. Anhelaba la posición de Dios.
'se **enalteció** *su corazón a causa de su hermosura'*
'se **corrompió** *su sabiduría a causa de su esplendor'*

Corromper significa echar a perder, podrir, pervertir, alterar algo.

La Biblia menciona que Lucifer corrompió su sabiduría, es decir, la hecho a perder, la altero y empezó a descomponer la sabiduría que Dios le había dado.

Cuando Lucifer se dio cuenta de su belleza y poder, su corazón comenzó a cambiar gradualmente, permitió que su enfoque se alejara de Dios y dirigió su amor hacia el mismo.

La verdad y los principios de Dios han existido desde la eternidad, Lucifer comenzó a violar esos principios perfectos a causa de buscar su propia gloria, por querer ser como Dios.

En este momento comienza la batalla, entre el bien y el mal.
Cuando Lucifer comienza a desear ser como Dios y tener todo lo que Dios es.

Lucifer empezó a sembrar semillas de cizaña, dudas y descontento con respecto a Dios a los demás ángeles, sutilmente hacía notar sus virtudes, la Biblia revela que Lucifer pudo persuadir a la tercera parte de los ángeles de unirse a él.
Lucifer pensó que podría ocultar sus verdaderos propósitos, pero Dios sabia todos los pensamientos de Lucifer

¡Ay de los que se esconden de Jehová, encubriendo el consejo, y sus obras están en tinieblas, y dicen: ¿Quién nos ve, y quien nos conoce?

Isaías 29:15

En ese momento para Dios ya no era Lucero de la mañana si no Satanás "el opositor"...

Comenzó la batalla en el cielo, a causa de la iniquidad, maldad, orgullo, amor propio, y traición de Lucifer...

Batalla en el cielo.

Dios y su ejército   *contra*   *Satanás y los*
de ángeles...   *ángeles que había*
                                   engañado

Batalla **Apocalipsis 12:7**

Y por la traición, maldad y orgullo propio, Dios arrojo a Satanás junto con la tercera parte de los ángeles que creyeron en Lucifer a la tierra...

Y fue lanzado fuera aquel gran dragón, la serpiente antigua, que se llama diablo y Satanás, el cual engaña al mundo entero; fue arrojado a la tierra, y sus ángeles fueron arrojados con él...

Apocalipsis 12:9

Satanás había sido expulsado del lugar celestial y arrojado a la tierra, pero aun no era su fin...
La batalla no había terminado apenas comenzaba...

Al ser arrojado Satanás del lugar celestial a la tierra, se llenó de ira, coraje, y rabia. Satanás de haber morado al lado de Dios de haber sido un ángel perfecto, sabio y hermoso, se convirtió en la creación más repugnante... El adversario lo opuesto a Dios. Por mencionar algunos ejemplos:

- *Dios es amor*   *Satanás tiene odio e ira*
- *Dios es la verdad*   *Satanás es el padre de la mentira...*
- *Dios es fiel*   *Satanás traiciona*
- *Dios es paz*   *Satanás destruye, separa*

El bien   El mal

Dios   Diablo

El Diablo aborrece todo lo que es y hace Dios, la batalla comenzaba.

El principio de la humanidad.

Dios creo los cielos y la tierra **(Génesis 1:1)**

Dios creo al hombre a su imagen y semejanza **(Génesis 1:26)**

Entonces Jehová Dios formo al hombre del polvo de la tierra y soplo en su nariz aliento de vida y fue el hombre un ser viviente.

Génesis 2:7

Entonces Jehová Dios hizo caer sueño profundo sobre Adán, mientras este dormía, tomo una de sus costillas, cerro la carne en su lugar.

Y de la costilla que Jehová Dios tomo del hombre, hizo una mujer, y la trajo al hombre.

Génesis 2:21-22

Dios planto un huerto en el Edén (**Génesis 2:10**) *en donde puso a Adán y Eva para que cuidasen de él, y mando Jehová Dios diciendo:*

De todo árbol del huerto podrás comer más del árbol de la ciencia del bien y del mal no comerás; porque el día que de el comieres ciertamente morirás.

Génesis 2:16-17

Dios fue específico en cuanto al árbol que no se podía comer y las consecuencias que esto provocaría. Adán y Eva tenían comunicación directa con Dios, pero Satanás ya había sido arrojado a la tierra, lleno de ira y coraje.

Satanás era demasiado astuto, y tenía conocimiento de cómo es la vida espiritual y celestial pues anteriormente había sido un ángel, y había logrado engañar a muchos ángeles de unirse a él, así que la perfectamente sabia como engañar a Eva...

La serpiente era astuta la cual le dijo a Eva:

¿Con que Dios os ha dicho: No comáis de todo árbol del huerto?

Y la mujer le respondió a la serpiente: Del fruto de los árboles del huerto podemos comer; pero del fruto del árbol que está en medio del huerto dijo Dios: No comeréis de él, ni le tocareis, para que no muráis.

Génesis 3:1-3

Eva sabía claramente el mandato de Dios y sus consecuencias.

Entonces la serpiente le dijo a la mujer: No moriréis
Si no que sabe Dios que el día que comáis de el serán abiertos vuestros ojos y series como Dios, sabiendo el bien y el mal.

Génesis 3:4-5

Satanás persuadió a Eva, como lo hizo con todos los ángeles que había engañado en el cielo. Podemos darnos cuenta que lo hacía sutilmente usando la mentira, la raíz de este engaño está la pretensión y el continuo deseo de ser como Dios.

Satanás logro engañar a Eva.

Y vio la mujer que el árbol era bueno para comer, y que era agradable a los ojos, y árbol codiciable para alcanzar la sabiduría: y tomo de su fruto, y comió; y dio a su marido, el cual comió así como ella.

Génesis 3:6

Adán y Eva comieron del fruto prohibido, Dios fue específico en las consecuencias, fue un mandato de Dios.

Dios dijo: el día que de el comieres ciertamente morirás.

Adán y Eva pecaron, pecado es todo lo que va en contra a los mandatos establecidos por Dios. Adán y Eva no obedecieron el mandato de Dios, la consecuencia de esa desobediencia era la muerte.

Desobedecer a Dios es pecado y la consecuencia del pecado es la muerte, escrito esta: la paga del pecado es muerte... pecado = muerte.

Por haber desobedecido Adán y Eva, Dios los expulso del Huerto del Edén. **(Génesis 3:23).** *Ahora Adán y Eva se enfrentaron al terrible resultado de la consecuencia del pecado, vergüenza y temor remplazaron su paz. Una de las consecuencias fue que ya no tenían comunicación directa con Dios ni Dios con ellos, Dios se alejó de ellos a causa de su pecado y ahora se encontraban bajo la constante influencia del diablo. Y Satanás habría ganado poder sobre la humanidad, la batalla continua.*

Así como Satanás y sus ángeles fueron expulsados de su hogar celestial y arrojados a la tierra por el pecado, así Adán y Eva fueron expulsados del Huerto del Edén al haber desobedecido. El resultado fue que el pecado separo a la humanidad de Dios.

...Vuestras iniquidades han hecho división entre vosotros y vuestro Dios, y vuestros pecados han hecho ocultar de vosotros su rostro para no oír.

Isaías 59:2

La desobediencia dictamino sentencia, como consecuencia del pecado todos moriremos.

Por tanto, como el pecado entro en el mundo por un hombre y por el pecado la muerte, así paso a todos los hombres por cuanto todos pecaron.

Romanos 5:12

El pecado entro al mundo por 1 hombre, para comprender esto, hay que discernir. por medio de esta ilustración: El pecado es como una enfermedad terminal por ejemplo SIDA una vez que te contagias no tienes remedio, una vez que te contagias sabes que tienes poco tiempo de vida y que vas a morir, así es el efecto del pecado.

Escrito está en la Biblia
el aguijón de la muerte es el pecado

(1 Corintios 15:55-56)

ADAN

Dios creo al hombre limpio, puro y santo. Adan el primer hombre, creado a la imajen y semejanza de Dios.

Dios le dio un mandato a Adán

Y mando Jehová Dios al hombre diciendo: De todo árbol del huerto podrás comer más del árbol de la ciencia del bien y el mal no comerás; porque el día que de el comieres ciertamente morirás.

Génesis 2:16

Adán desobedeció, desobedecer a Dios es pecado, Dios claramente le dijo:

'el día que de el comieres, ciertamente morirás'

Adán no murió instantáneamente, (no murió físicamente pero murió espiritualmente). Al desobedecer Adán permitió que el pecado entrara en él y llevar el castigo de muerte.

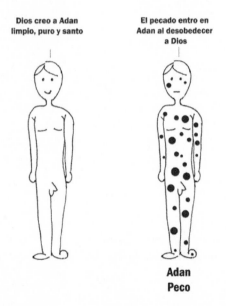

El aguijón de la muerte es el pecado.

1 Corintios 15:56

Sabemos que Adán peco porque la serpiente (satanás) engaño a Eva. Después de que comieron del árbol prohibido Adán y Eva:

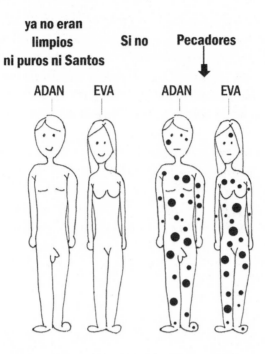

Al instante de haber comido del fruto prohibido Adán y Eva sintieron los efectos del pecado, vergüenza y temor.

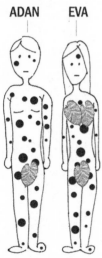

Dios pudo desaparecer o destruir o matar a Adán y a Eva, pero no lo hizo, ¿por qué?

Satanás habría ganado triunfo sobre la humanidad, Adán y Eva por ser creación de Dios creados a su imagen y semejanza, Satanás los quiso arrastrar junto con él, a la muerte al engañarlos.

Pero aquí vemos el amor, la paciencia, misericordia de Dios, Dios por su amor, a pesar del pecado de Adán y Eva, creo un plan de salvación, para salvarlos de la muerte, ya que la paga del pecado es muerte.

Adán y Eva tuvieron hijos e hijas, Dios dio una orden directa, fructificar y multiplicaos, llenad la tierra **(Génesis 1:28)** *pero Adán y Eva ya no eran limpios puros ni santos, eran pecadores, por consiguiente, al procrear, sus hijos iban a nacer con el pecado adentro, era imposible que nacieran limpios puros y santos ya que Adán y Eva estaban contaminados de pecado.*

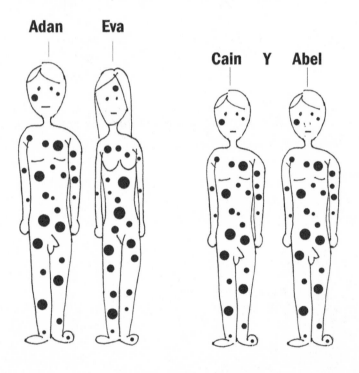

L a Biblia nos revela que Adán y Eva tuvieron hijos e hijas **(Génesis 5:4)**

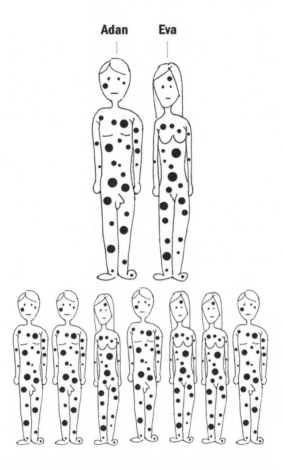

Lo cual heredaron el pecado en ellos mismos, esto lo podemos saber ya que Caín el primer hijo de Adán y Eva mato a su propio hermano Abel **(Génesis 4)**, esto no hubiese sido posible si Caín hubiese nacido puro, limpio y santo (sin pecado). Caín junto con todos sus hermanos heredaron el pecado, tenían el pecado adentro, la tentación del pecado estaba constantemente en ellos.

La Biblia revela que somos genealogía de Adán, este es el origen del ser humano:

Dios creo a Adán **(Génesis 1:26)**

Y de la costilla de Adán Dios creo a la mujer Eva **(Génesis 2:21-22)**

Adán y Eva tuvieron muchos hijos e hijas los cuales se multiplicaron. **(Génesis 5:4).**

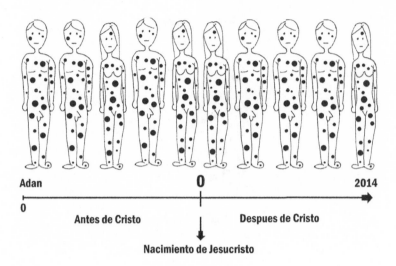

Adan   0   2014

0

Antes de Cristo   Despues de Cristo

Nacimiento de Jesucristo

S. Lucas 3:23

Adan

Pecado= Muerte

Por tanto el pecado entro en el mundo por un hombre

Y por el pecado la muerte, así la muerte paso a todos Los hombres, por cuanto todos pecaron.

Romanos 5:12

Como consecuencia del pecado todos moriremos, pero hay una esperanza de vida eterna.

Porque la paga del pecado es muerte, más la dadiva de Dios es vida eterna en Cristo Jesús.

Romanos 6:23

El resto de la humanidad junto con Satanás y sus ángeles caídos viviendo en un mismo mundo.

La tierra

La batalla sigue, Satanás luchando lo más que pueda para seguir engañando a la humanidad y opacando la gloria de Dios, para ganar más almas, (para que se vallan con él al infierno).

Porque el mismo Satanás se disfraza como ángel de luz.

2 Corintios 11:14

Sabemos que cuando Satanás engaña usa la mentira y sutilmente nos hace ver que es bueno, para caer en su trampa, trampa en la que podemos caer y estar toda la vida sin darnos cuenta, hasta que aparece Dios en nuestra vida.

Hay una batalla entre Dios y Satanás por las almas, Satanás al engañar a Eva quería arrastrar a Adán y Eva a la muerte y al infierno junto con él, cuando Satanás le dijo a Eva que comiera del fruto prohibido, lo hizo con la intención de que Adán y Eva desobedecieran para que pecasen y al pecar Satanás los arrastraría a ellos y al resto de la humanidad a la muerte. La paga del pecado es muerte. Fue su triunfo sobre el hombre, su primera batalla ganada, adueñándose del señorío de todo lo que Dios había entregado al primer hombre.

Ya vimos que todos somos pecadores.

Condición humana = condición pecadora

No importa de dónde eres, si eres de Asia o Europa, África o América, no importa que idioma o dialecto hables, si eres alto o chaparro, si eres moreno o blanco, si eres rico o pobre, fuerte o débil, si tienes profesión o no, si estas graduado o no lo estás, si eres presidente o barrendero, si eres actor o no, si eres famoso o no lo eres, seas empresario o vagabundo, vivas en una mansión o en la calle, seas gobernante o cantante, todos somos iguales, todos llevamos el pecado adentro, y la paga de ese pecado es la muerte, nadie como condición humana puede evitarlo, ni escaparse de la muerte.

Si decimos que no tenemos pecado nos engañamos a nosotros mismos, y la verdad no está en nosotros.

1 Juan 1:8

No hay justo ni aun uno, no hay quien haga lo bueno, no hay ni siquiera uno.

Romanos 3: 10-12

Todos estamos bajo el pecado, y esto fue obra de Satanás, para que nos vayamos con él a la muerte, por eso engaña al mundo entero, Satanás está engañando a todo el mundo, para irnos con él al infierno, porque él YA ha sido juzgado y condenado, pero nosotros aun NO, solo tenemos el tiempo que Dios nos da de vida para darnos cuenta. Las Escrituras enseñan claramente el juicio y condenación de Satanás a causa de su rebelión.

Palabras de Jesucristo

El príncipe de este mundo, ha sido ya juzgado.

S. Juan 16:11

El príncipe de este mundo es Satanás, pero ¿quién lo juzgo? La Biblia nos da la respuesta.

Si Satanás fue juzgado, esto quiere decir que hubo un juicio, nadie puede ser juzgado sin pasar por un juicio.

Dios quien es la Autoridad sobre todas las cosas, fue quien juzgo a Satanás por su rebelión.

Satanás se revelo contra Dios la Autoridad. Dios es justo y Dios no puede pasar por alto la injusticia, si Dios pasara por alto la injusticia dejaría de ser justo.

La Biblia menciona que Satanás ya ha sido juzgado, esto quiere decir que Dios aplico su justicia, se analizó se delibero la falta cometida por Satanás y sus ángeles en el tribunal de Dios. El resultado de ese juicio dictamino una condena por la falta cometida. El resultado del juicio, es decir la condena que Dios le dio a Satanás, Dios mismo nos la revela en su palabra la Biblia.

El juicio de Satanás.

El primogénito de la muerte (**Job 18:13**)

- *Satanás expulsado del cielo, y lanzado a la tierra.* (**Apocalipsis 12:9**)
- *Satanás atado y echado en el abismo.* (**Apocalipsis 20:3**)
- *El fin de Satanás.* (**Apocalipsis 20:10**)

Ya juzgado y declarado culpable.

Satanás ya sabe su condena, y sabe que tiene poco tiempo, por eso Satanás sigue luchando para engañar más almas, para que se vayan y sufran junto con el su condenación.

¡Ay de los moradores de la tierra y del mar! porque el Diablo ha descendido a vosotros, teniendo grande ira, sabiendo que tiene poco tiempo.

Apocalipsis 12:12

Ahora como Dios nos ama tanto, Dios creo un plan de salvación para salvarnos y no sufrir la condenación de Satanás, Satanás no puede evitar su condenación, porque Dios ya dictamino su condena.

Y nosotros como condición humana pecadora, no podemos salvarnos a nosotros mismos. Seas quien seas, hagas lo que hagas, tus obras no te pueden salvar.

Si eres Presidente, si donaste cinco mil dólares a fundaciones de niños necesitados o huérfanos, o a teletones, si vas a la iglesia todos los Sábados o Domingos, si tocas puertas y hablas de la palabra, si participas en la iglesia, eso no te salva; no hay nada de malo en hacer esas cosas, pero la palabra de Dios claramente nos dice que no por obras vamos a obtener la salvación. Escrito esta:

No hay quien haga lo bueno, no hay ni siquiera uno.

Romanos 3:12

Dios es Santo

**Santo soy Yo Jehova vuestro Dios
Levitico 19:2**

hagas lo que hagas
el pecado
esta
dentro de ti, tus obras
no te salvan
ni te liberan
del pecado

yo
done
$25 mil dolares
a fundaciones

Yo soy
buena persona

Yo
soy una
guerrera

Yo
voy a la Iglesia
todos los
Sabados y Domingos

Yo
soy Presidente

Yo
soy
una Diva

Hombre pecador

El Hombre no puede alcanzar a Dios por si mismo
ni por sus obras, y Dios no puede tener una relacion
con el pecador, porque en ese momento dejaria de
ser Santo. Por eso mando a su Hijo Jesucristo para
limpiarnos del pecado y poder salvarnos

Dios es Santo.

Por eso Dios creo un plan de salvación, para limpiarnos del pecado, sin que El deje de ser Santo, y evitarnos la condenación de muerte por amor.

¿Si Dios nos ama porque hay tantos problemas y sufrimiento en el mundo?

En el momento que Adán peco, en ese momento entro el sufrimiento al mundo, es la consecuencia de la desobediencia.

¿Porque permite Dios el sufrimiento?

El sufrimiento es la consecuencia, de la desobediencia. Dios no puede evitarlo, su ser, y su propia justicia no se lo permite. Si Dios evitara el sufrimiento, es decir si evitara la consecuencia del pecado (la desobediencia) en ese momento dejaría de ser justo y por consiguiente seria mentiroso, su palabra nos dice que él es justo.

La palabra de Dios es perfecta y no se contradice. Los problemas del hombre empezaron cuando Adán y Eva desobedecieron el mandamiento de Dios, desde entonces el hombre ha sufrido los efectos del castigo divino, enfermedades, muerte etc. Dios lo advirtió desde el principio.

Dios nos expresa atraves de la Biblia, que él quiere que todos los hombres sean salvos y vengan al conocimiento de la verdad. **(1 Timoteo 2:4).**

El pecado siempre es un desprecio hacia la gloria de Dios. La esencia del pecado es rehusarnos a glorificar a honrar y hacer la voluntad de Dios, por buscar nuestra propia gloria, esencia que proviene de Satanás, el padre del pecado.

El pecado rompió los lazos de amistad con Dios, por el pecado entro al mundo la muerte y el sufrimiento, como consecuencia la perdida de la amistad divina, la ruptura entre Dios y el hombre, entre el hombre y la mujer.

Pero Dios nos expresa en su palabra que quiere reconciliarse con el mundo, por eso creo un plan de salvación, para perdonarnos el pecado y darnos vida eterna y poder tener una relación con él.

LA VIDA

¿Qué es la vida?

Ciertamente es neblina, vapor que se aparece por un poco de tiempo, y luego se desvanece.

Santiago 4:14

Ciertamente como una sombra es el hombre.

Salmos 39:6

La vida es una prueba, ¿qué es una prueba?

Definición de prueba:

- *Acción que consiste en analizar algo para ver cómo funciona, o ver qué resultado tiene.*
- *Examen que se hace, para ver conocimientos o capacidades.*
- *Razón que demuestra el contenido de algo.*
- *Es examinar la calidad de algo.*
- *Análisis que se hace a algo para examinar lo que realmente es.*
- *Análisis que permite comprobar una cualidad o calidad de algo.*

Ese algo somos nosotros como condición humana.

Dios nos está probando, todo el tiempo.

Los ojos de Jehová están en todo lugar, mirando a los malos y a los buenos.

Proverbios 15:3

Pero Jehová pesa los espíritus.

Proverbios 16:2

Pero Jehová prueba los corazones.

Proverbios 17

Lámpara de Jehová es el espíritu del hombre, la cual escudriña lo más profundo del corazón.

Proverbios 20:27

Dios nos dice que el claramente nos mira todo el tiempo.

Jehová está en su santo templo; Jehová tiene en el cielo su trono; Sus ojos ven, sus parpados examinan a los hijos de los hombres.

Salmos 11:4

Jehová prueba al justo.

Salmos 11:5

Porque el Dios justo prueba la mente y el corazón. (examina, analiza)

Salmos 7:9

Escudriña lo más profundo de nuestro Corazón.

Jehová conoce los pensamientos de los hombres.

Salmos 94:11

Dios nos mira todo el tiempo de Dios no nos podemos esconder.

¿A dónde me iré de tu Espíritu?

¿Y a donde me iré de tu presencia?

Salmos 139:7

Dios está probando nuestro corazón, es decir nuestro carácter, actitudes, comportamientos, reacciones y acciones, todo el tiempo.

Uno de los puntos importantes del mensaje de Dios atreves de la Biblia, es que Él está formando un pueblo para que lo glorifique por la eternidad. El hombre fue creado con un solo propósito, glorificar a Dios, adorar a Dios y servir a Dios.

Porque de él, por él, y para él, son todas las cosas. A él sea la gloria para siempre.

Romanos 11:36

Y el hombre en vez de glorificar a Dios se ha glorificado a sí mismo a causa del pecado, por eso el hombre merece la condenación. Pero Dios creo un plan de salvación para limpiarnos del pecado y podernos dar vida eterna, para glorificarlo.

El plan de salvación de Dios

Muchos se preguntan ¿cómo alcanzar la vida eterna?
Eso solo le corresponde a Dios.

Existe un solo camino para alcanzar la vida eterna.

Palabras de Jesucristo

Yo soy el camino y la verdad y la vida.

S. Juan 14:16

Porque de tal manera amo Dios al mundo, que ha dado su Hijo unigénito, para que todo aquel que en él cree, no se pierda, mas tenga vida eterna.

S. Juan 3:16

Dios mando aquí a la tierra a su Hijo Jesucristo para salvarnos, ahora Jesucristo dice que él es el camino, la verdad y la vida, así que Jesucristo es el único camino para llegar a la vida, las palabras y mensaje de Jesucristo son muy importantes para toda la humanidad ya que él es, el único camino hacia la vida, NADIE más.

Palabras de Jesucristo.

De cierto, de cierto os digo el que cree en mi tiene vida eterna.

S. Juan 6:47

El plan de salvación de Dios: Todas las profecías del Antiguo Testamento apuntan al nacimiento de Jesús, años después se cumplieron todas esas profecías. Pues ese era el plan de Dios para salvarnos. Mandar a su Hijo Jesús a la tierra para que por medio de su sangre derramada en la cruz, nosotros podamos estar limpios del pecado.

Y dará a luz un hijo y llamaras su nombre Jesús, porque el salvara a su pueblo de sus pecados.

S. Mateo 1:21

Cuando Jesucristo estuvo aquí en la tierra, revelo todo el plan de salvación de Dios, pero también dejo instrucción, mandatos, y enseñanzas, y la guía para no perdernos, y el que realmente cree, sigue toda la instrucción y guía de Jesucristo, de lo contrario cree en vano. (aquí está la batalla).

Palabras de Jesucristo

Y esta es la vida eterna que te conozcan a ti, el único Dios verdadero y a Jesucristo a quien has enviado.

S. Juan 17:3

El que cree en mí, como dice la Escritura de su interior correrán ríos de agua viva.

S. Juan 7:38

Yo soy el pan de vida.

S. Juan 6:48

Yo soy el pan vivo que descendió del cielo; si alguno comiere de este pan, vivirá para siempre; y el pan que yo daré es mi carne, por la cual yo daré por la vida del mundo.

S. Juan 6:51

El que come mi carne y bebe mi sangre, tiene vida eterna; y yo le resucitare en el día postrero.

S. Juan 6:54

Porque mi carne es verdadera comida, y mi sangre verdadera bebida.

S. Juan 6:55

El que come mi carne y bebe mi sangre, en mi permanece, y yo en él.

S. Juan 6:56

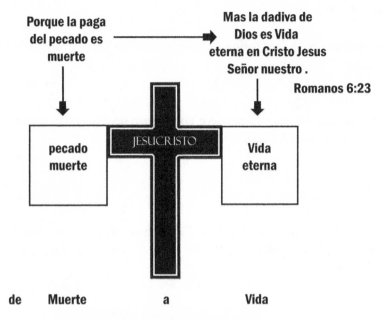

Porque la paga
del pecado es
muerte

Mas la dadiva de
Dios es Vida
eterna en Cristo Jesus
Señor nuestro .

Romanos 6:23

pecado
muerte

JESUCRISTO

Vida
eterna

de   Muerte   a   Vida

De cierto de cierto os digo ; el que
oye mi palabra, y cree al que me envio
tiene vida eterna y no vendra a condenacion
mas ha pasado de muerte ha vida.

Juan 5;24

El pecado ocasiono la ruptura, la separación entre Dios y el hombre y Dios y el mundo, pero por amor, misericordia, y paciencia. Dios nos concede el perdón por aquella traición (Adán y Eva). Lo único que quita la enemistad y nos reconcilia es la cruz, la muerte de Jesucristo en la cruz.

Y mediante la cruz reconciliar con Dios a ambos en un solo cuerpo, matando en ella las enemistades.

Efesios 2:16

El plan de salvación es totalmente justo, perfecto, características de Dios.

Jesús pago el precio que nosotros debimos pagar,' la paga del pecado es muerte'

Por precio fuisteis comprados.

1 Corintios 7:23

Aquí podemos ver lo justo que es Dios

Así como en Adán todos mueren también en Cristo todos serán vivificados.

1 Corintios 15:22

Porque por cuanto la muerte entro por un hombre, también por un hombre la resurrección de los muertos.

1 Corintios 15:21

Palabras de Jesucristo

Yo soy la resurrección y la vida, el que cree en mi aunque este muerto vivirá, y todo aquel que vive y cree en mí, no morirá eternamente.

S. Juan 11:25

Así como por la transgresión de uno -----------------------------Adán
vino la condenación a todos los hombres,
de la misma manera por la justicia de uno------------------Jesucristo
vino a todos los hombres la justificación de
vida.

Romanos 5:18

Pues si por la transgresión de uno solo--------------------------Adán
reinó la muerte, mucho más reinaran en
vida por uno solo, Jesucristo,
los que reciben la abundancia de la gracia
y el don de la justicia.

Romanos 5:17

Porque así como por la
desobediencia de un hombre--- Adán
os muchos fueron constituidos pecadores,
así también por la obediencia de uno,----------------------Jesucristo
los muchos serán constituidos justos.

Romanos 5:19

Para que así como el pecado reino para muerte, así también la gracia reine por la justicia para vida eterna mediante Jesucristo Señor nuestro.

Romanos 5:21

Jesucristo vino para reconciliarnos con Dios, al enviar Dios a Jesucristo para perdonar nuestros pecados, podemos darnos cuenta de que Dios quiere tener una relación con nosotros, pero la única manera de tener una relación con Dios es por medio de su Hijo Jesucristo, ya que Dios es Santo y el hombre pecador, Dios no puede tener una relación directa con el pecador, porque si lo hiciera, en ese momento dejaría de ser Santo. Es por eso que envió a su Hijo Jesucristo para limpiarnos del pecado y poder tener una relación con él, pero solo mediante Jesucristo que es el mediador, entre el hombre y Dios. Y esto solo mientras esperamos su venida, después ya podremos estar cara a cara.

Porque hay un solo Dios, y un solo mediador entre Dios y los hombres Jesucristo hombre, el cual se dio a sí mismo en rescate por todos, de lo cual se dio testimonio a su debido tiempo.

1 Timoteo 2:5-6

Yo soy el buen
Pastor, el buen Pastor
Su vida da por las
Ovejas

S. Juan 10:11

Yo soy el camino y la verdad nadie viene al Padre si no por mí. 1 Juan 14:16

La única manera de tener una relación o comunicación con Dios, es por medio de su Hijo Jesucristo, él es el mediador entre Dios Santo y hombre pecador. Jesucristo dice que todo lo que pidamos hacerlo en su nombre para que Dios nos escuche, orad en el nombre de Jesucristo.

Dando gracias siempre por todo al Dios y Padre, en el nombre de nuestro señor Jesucristo.

Efesios 5:20

Palabras de Jesucristo

De cierto, de cierto os digo: El que cree en mi tiene vida eterna.

S.Juan 6:47

Cuando Jesús dice 'el que cree en mi' se refiere al que cree en su totalidad en él, no a medias o no solo una parte, "el que cree en mi" es el que cree en su palabra, en su mensaje, sus enseñanzas, su instrucción, su guía, sus mandamientos; que es el mensaje de Dios.
Satanás cree y hace maldad y va sufrir la condenación, así es que no solo es creer si no hacer su voluntad.

Tú crees que Dios es uno; bien haces.
También los demonios creen y tiemblan.

Santiago 2:19

Palabras de Jesucristo

No todo el que me dice: Señor, Señor, entrara en el reino de los cielos, si no el que hace la voluntad de mi Padre que está en los cielos.

S. Mateo 7:21

Y esta es la voluntad del que me ha enviado: Que todo aquel que ve al Hijo, y cree en él, tenga vida eterna; y yo le resucitare en el día postrero.

S. Juan 6:40

Es muy importante escudriñar y escuchar las palabras de Jesús, pues él es la guía a la vida.

Palabras de Jesucristo

Entrad por la puerta estrecha; porque ancha es la puerta, y espacioso el camino que lleva a la perdición, y muchos son los que entran por ella;

Porque estrecha es la puerta, y angosto el camino que lleva a la vida, y pocos son los que la hallan.

S. Mateo 7:13-14

Aquí Jesús nos habla de 2 puertas y de 2 caminos, un camino nos lleva a una de las puertas, la puerta a la perdición.

El otro camino nos lleva a la otra puerta, la puerta hacia la vida.

La puerta y el camino que llevan a la perdición, es muy ancho, espacioso y grande muchos entran por ella.

La puerta y el camino que llevan a la vida, es angosto, estrecho, reducido, y solo pocos la encuentran.

Jesús dice: entrad por la puerta estrecha

"Pocos son los que la hayan"

¿Eres tu uno de los pocos?

Camino a la vida es guardar la instrucción.

Proverbios 10:17

.........Mas si quieres entrar en la vida guarda los mandamientos.
S. Mateo 19:17

Esforzaos a entrar por la puerta angosta; porque os digo que muchos procuraran entrar, y no podrán.
S Lucas 13:24

Jesús dice **esforzaos,** *esto quiere decir que no es fácil, ni sencillo, se requiere de un esfuerzo. Un esfuerzo es hacer algo que no nos gusta o que nos cuesta mucho trabajo hacer (para alcanzar un objetivo), es una acción empleada contra una dificultad para conseguir un fin, este fin es entrar por la puerta angosta, la vida. Esforzaos en los caminos de Jesús para así alcanzar la vida.*

.........porque muchos son los llamados, mas pocos los escogidos.
S. Mateo 20:16

La forma en la que camino Jesús aquí en la tierra, esa es nuestra guía hacia el verdadero camino "el camino de Jesucristo" de la misma manera que camino el, así debemos de caminar, no es fácil a causa del pecado, pero es una manera de demostrarle a Dios que estamos luchando para hacer su voluntad. Jesús al venir a la tierra nos alumbro el camino que debemos seguir.

Como el Hijo del Hombre no vino para ser servido, si no para servir, y para dar su vida en rescate por muchos.
S. Mateo 20:28

Palabras de Jesucristo

De cierto, de cierto te digo, que el que no naciere de nuevo no puede ver el reino de Dios.
S. Juan 3:3

Esto lo revelo Jesús cuando estaba conversando con un judío llamado Nicodemo.

Nicodemo le dijo: ¿cómo puede un hombre nacer siendo viejo? Puede acaso entrar por segunda vez en el vientre de su madre, y nacer?
S. Juan 3:4

Nicodemo era Judío, era un fariseo, un religioso muy importante, muy estricto, con mucho conocimiento, celebraba la Pascua, pagaba los diezmos, hacia sus oraciones, ofrecía sacrificio y se esforzaba por guardar la ley, a él, Jesús le dijo "os es necesario nacer de Nuevo".

Aquí Jesucristo nos hace ver que de nada sirve tener tanto conocimiento y ser un miembro importante en la iglesia, o hacer oración o leer la Biblia, o decir que eres cristiano porque llevas 30 años en la iglesia, o hacer buenas obras, o tener bases morales.

"Eso No es nacer de Nuevo"

Jesús le respondió: De cierto, de cierto te digo, que el que no naciere de agua y del Espíritu, no puede entrar en el reino de Dios.

Lo que es nacido de la carne, carne es, y lo que es nacido del Espíritu, espíritu es.

S. Juan 3:5-6

"Nacer de agua y Espíritu"

¿Qué es nacer de nuevo?

Es una obra sobrenatural que hace el Espíritu Santo en nosotros.

Cuando nosotros nacemos de Nuevo, nueva criatura somos, todo nuestro ser alma, mente, corazón se renueva, ya no ves las cosas del mundo.

Nacer del agua es creer en la palabra de Dios, que Jesucristo murió en la cruz para salvarte de la condenación eterna, que si crees en Cristo, por fe serás salvo.

De modo que si alguno está en Cristo nueva creatura es; las cosas viejas pasaron; he aquí todas son hechas nuevas.

2 Corintios 5:17

Y todo esto proviene de Dios; quien nos reconcilio con sigo mismo por Cristo, y nos dio el ministerio de la reconciliación.

2 Corintios 5:18

Nacer del Espíritu es la prueba de que tenemos, el Espíritu Santo, que tenemos el amor de Dios en nuestras vidas y en nuestro corazón. Cuando naces del espíritu, Dios nos manda la promesa del Espíritu Santo y él nos hace ver el pecado que llevamos (**Juan 16:8**). *El Espíritu Santo nos convence de pecado, esto tiene un efecto, tú cuando pecas o te acuerdas de tus pecados te sientes mal, sufres, te arrepientes. Pero si tú no sientes nada, si no estás sintiendo ningún dolor, eso quiere decir que tú no has nacido de nuevo.*

Nacer de nuevo es la obra de Dios, en donde un ser perdido, culpable y pecador condenado al infierno recibe a Jesús en su corazón, y Dios le concede el arrepentimiento y se transforma en una nueva criatura, y llega a ser un hijo de Dios, y comienza una vida nueva, es un segundo nacimiento, un nacimiento espiritual, de adentro, del corazón.

Cuando tú naces por el vientre de tu madre, eres participante de la naturaleza pecaminosa que heredamos de Adán. Cuando naces de nuevo llegas a ser participante de la naturaleza divina, que solo se obtiene naciendo de nuevo, por medio del Espíritu Santo.

Palabras de Jesucristo

El que creyere y fuere bautizado será salvo. S. Marcos 16:16
El bautismo: es un acto de obediencia, es símbolo de una verdad espiritual. Jesucristo nos puso su ejemplo, el mismo obedeció a su Padre, y fue bautizado en obediencia al plan de Dios.
Sumisión y obediencia es lo más importante por comprender.

El bautismo representa la muerte, sepultura y resurrección de Cristo.

Cuando tú te bautizas eres juntamente sepultado con Jesucristo (para tu muerte), tu no necesitas ser crucificado como cristo, tú te mereces la crucifixión (la paga del pecado es muerte), pero Jesucristo lo hizo por ti, y por toda la humanidad, el pago por todos los pecados de toda la humanidad para salvarnos. En el momento que tú te bautizas en Cristo Jesús eres bautizado en su muerte y eres sepultado juntamente con él, y así como Jesucristo resucito de los muertos, así juntamente seremos resucitados todos los que hayan creído de todo corazón en él.

¿O no sabéis que todos los que hemos sido bautizados en Cristo Jesús, hemos sido bautizados en su muerte?
Porque somos sepultados juntamente con él para muerte por el bautismo, a fin de que como Cristo resucito de los muertos por la gloria del Padre, así también nosotros andemos en vida nueva.

Porque si fuimos plantados juntamente con él en la semejanza de su muerte, así también lo seremos en el de la resurrección.

Romanos 6:3-5

Y si morimos con Cristo, creemos que también viviremos con él.

Romanos 6:8

El bautismo es algo que nos identifica con Jesús, es tu identidad. El bautismo es una confesión de fe en Jesucristo (en público).

Que si confesares con tu boca que Jesús es el Señor, y creyeres en tu corazón que Dios le levanto de los muertos, serás salvo.

Romanos 10:9

Porque con el corazón se cree para justicia, pero con la boca se confiesa para salvación.

Romanos 10:10

¿Cómo se realiza el bautismo?

La propia palabra de Dios nos lo revela. El significado de la palabra bautismo en griego es sumergir o hundir.

Cuando Jesucristo fue bautizado, en S. Mateo 3:16, escrito esta: y Jesús después que fue bautizado,

"subió luego del agua"

Esto quiere decir que fue sumergido, la Biblia revela que el bautismo es la inmersión total.

Al ser sumergido bajo el agua, el creyente da testimonio de que todo lo que era como pecaminoso hijo de Adán, fue llevado a la muerte junto con Cristo en la cruz.

Al salir del agua está manifestando que "ya no vivo yo más" vive Cristo en mí.

Con Cristo estoy juntamente crucificado y ya no vivo yo, mas vive Cristo en mí, y lo que ahora vivo en la carne, lo vivo en la fe del Hijo de Dios, el cual me amó y se entregó a si mismo por mí.

Gálatas 2:20

La Biblia registra el bautismo de otras personas, todos fueron sumergidos en el agua.

El verdadero bautismo es la inmersión total del cuerpo.

En las Escrituras no hay ningún registro de un bebé bautizado. Si comprendemos el significado real del bautismo, nos podemos dar cuenta que no tiene sentido el bautizar a bebés.

¿Por que?

- *Las Escrituras no lo registran, si fuere importante o básico, Dios nos lo hubiera revelado.*
- *Jesucristo es el Hijo de Dios, Dios lo envió a la tierra para salvarnos y seguir sus pasos, su camino, él es el mayor ejemplo en todo, Jesucristo se bautizó consiente, él sabía lo que hacía, un bebé No sabe nada, si Dios quisiere que los bebes fueran bautizados, Jesucristo hubiese sido bautizado de bebe, pero no fue así. O nos lo hubiera dicho en su palabra.*
- *Basándonos en el ejemplo de Jesucristo, el bautismo es una decisión personal, Nadie puede hacerlo por ti, ni tu puedes hacerlo por Nadie, ni tomar la decisión por otro.*

Los padres no morirán por los hijos, ni los hijos por los padres; cada uno morirá por su pecado.

Deuteronomio 24:16

- *El verdadero bautismo es el fruto del verdadero arrepentimiento, del cual nos habla Jesucristo, el reconocer que somos pecadores, que merecemos la muerte, pero aceptamos a Jesucristo en nuestro corazón, como nuestro Salvador Hijo de Dios.*

- *El bautismo es simplemente un paso de obediencia, es la consecuencia de una relación ya existente entre tú y Dios atravez de su Hijo Jesucristo, un bebé no puede.*
- *Lo único que nos limpia del pecado es la sangre de Cristo derramada en la cruz, y para reconocer esta verdad de todo corazón, tiene que haber conocimiento, un bebé no lo tiene.*

El bautismo es una ordenanza de Jesucristo a todos los creyentes.

¿Quiénes deben ser bautizados?

De acuerdo con las Escrituras, la palabra de Dios, la Biblia, todo aquel que crea en Jesucristo y en el Padre debe ser bautizado. Solo los creyentes.

En Hechos 8:36-38
Felipe (discípulo de Jesucristo) está conversando con un eunuco etíope, acerca del evangelio de Jesucristo, le pregunto el eunuco a Felipe:

¿Que impide que yo sea bautizado?
Felipe le respondió: Si crees de todo corazón, bien puedes.

Aquí Jesucristo por medio de Felipe nos establece el único requisito para ser bautizado.

"Creer de todo corazón"

El bautismo es una confesión de fe en Jesucristo y antes de alcanzar la fe está el conocimiento y el arrepentimiento, sin arrepentimiento y sin conocimiento no puede haber fe. Ya que Jesucristo es el autor de la fe. ¿Cómo va haber fe si no conoces a Jesucristo?
El bautismo es un testimonio externo de lo que ha ocurrido internamente en la vida del creyente.

Palabras de Jesucristo

El que creyere y fuere bautizado, será salvo; mas el que no creyere, será condenado.

S. Marcos 16:16

Jesucristo vino a salvarnos, vino a salvar a los pecadores, Jesucristo murió en la cruz, para el perdón de todo el pecado del mundo, vino a llamar a pecadores al arrepentimiento. Pero si tú no crees que eres pecador y te crees justo, ¿de qué te vas a arrepentir?, si es así, tú no necesitas perdón, y por lo tanto la cruz no tendría valor para ti.

Palabras de Jesucristo

**No he venido a llamar a justos,
No hay justo ni aun uno.
si no a pecadores al arrepentimiento.**

Romanos 3:10 S. Lucas 5:32

Os digo que así habrá más gozo en el cielo por un pecador que se arrepiente, que por noventa y nueve justos que no necesitan de arrepentimiento.

S. Lucas 15:7

¿O menosprecias las riquezas de su benignidad, paciencia y longanimidad ignorando que su benignidad te guía al arrepentimiento?

Romanos 2:4

Ver Hechos 3:19

Arrepentimiento:

Palabras de Jesucristo

No he venido a llamar a justos, sino a pecadores al arrepentimiento.

S. Lucas 5:32

Arrepentirse ¿de qué?
Cambiar tu parecer conforme al pecado.
La palabra "arrepentirse" significa "cambiar de mente"
Que tiene como resultado un cambio de actitudes y conducta, cambiar tu parecer respecto al pecado, pero esto solo es posible si Dios lo permite. Nadie puede arrepentirse y venir a Dios por sí mismo. Es Dios quien llama a la persona y le concede el arrepentimiento.

Ninguno puede venir a mí, si el Padre que me envió no le trajere; y yo le resucitare en el día postrero.

S. Juan 6:44

La definición bíblica "arrepentimiento" es cambiar de mentalidad, como seres humanos pensamos que somos perfectos, pero no lo es.

Dios nos envió a su Hijo Jesucristo, aquí a la tierra para salvarnos del pecado, Jesucristo nos dejó marcado el camino, que debemos seguir, murió crucificado por nuestros pecados, para darnos vida eterna, resucito al tercer día venciendo la muerte, y ahora podemos preguntarnos.

¿Dónde oh Muerte está tu aguijón?
¿Dónde oh Sepultura tu victoria?

1 Corintios 15:55

La Biblia revela que Jesucristo va a volver a venir por todos los salvos, los que hayan creído de todo corazón en el Hijo y el Padre, y hayan hecho su voluntad.

Porque no son los oidores de la ley los justos ante Dios, si no los hacedores de la ley serán justificados.

Romanos 2:13

Palabras de Jesucristo

Ciertamente vengo en breve.

Apocalipsis 22:20

He aquí vengo pronto.

Apocalipsis 22:7

Para recompensar cada uno según sea su obra.

Apocalipsis 22:12

Jesucristo regresara entre las nubes a la tierra, de la misma manera que ascendió al cielo después de su resurrección.

......Fue alzado, y le recibió una nube.

Hechos 1:9

Empero de aquel día y de la hora nadie sabe, ni aun los ángeles que están en el cielo, ni el Hijo, si no el Padre.

S. Marcos 13:32

Dios nos revela que él tiene un libro, "el libro de la vida", donde están escritos todos los nombres de aquellos, que recibieron la salvación de Cristo en sus corazones.

Palabras de Jesucristo

El que venciere será vestido de vestiduras blancas, y no borrare su nombre del libro de la vida, y confesare su nombre delante de mi Padre, y delante de sus ángeles.

Apocalipsis 3:5

"El que venciere" la palabra vencer significa: derrumbar un obstáculo, una barrera que impide el paso o camino; Para acabar con el obstáculo, a veces hay que luchar o pelear, para así poder derrumbar la barrera que interrumpe el camino. Vencer es derrotar algo o alguien, es superar las dificultades. En los diccionarios encontramos que la palabra 'vencedor' es la persona que resulta ganadora en una competencia, carrera o lucha, etc.

En este caso al decirnos Jesucristo "el que venciere" y más adelante "no borrare su nombre del libro de la vida".

Esto es como una carrera, la meta es la vida eterna pero en el trayecto hacia la meta va haber obstáculos "el que venciere" esos obstáculos, su nombre estará en el libro de la vida.

Jesucristo mismo nos dejó el camino marcado y la guía para vencer los obstáculos, para así alcanzar la promesa de la salvación, la vida eterna.

¿Qué tipo de obstáculos nos podemos encontrar en el camino?
Los obstáculos son la práctica del pecado.

La salvación es por fe y por fe solamente en Jesucristo y la fe en Jesucristo es precedida y seguida por el arrepentimiento, un alejamiento por las cosas que Dios aborrece, y un amor por las cosas que Dios ama, un crecimiento en santidad, y un deseo de no ser como el mundo, si no ser como Jesucristo, porque aquellos que en verdad creen lo hacen por el poder del Espíritu Santo, por el cual hemos sido regenerados y hechos nuevas criaturas; tanto así que el verdadero Cristiano es Cristiano por la creencia en Jesús, pero sabes que el verdaderamente cree en Jesús a causa de los cambios en su vida, obstáculos ya derrumbados que le permiten caminar como Cristo lo hizo, porque Jesucristo es el único que nos salva.

Y en ningún otro hay salvación; porque no hay otro nombre bajo el cielo dado a los hombres, en que podamos ser salvos.

Hechos 4:12

Palabras de Jesucristo

Y el que no fue hallado inscrito en el libro de la vida fue lanzado al lago de fuego.

Apocalipsis 20:15

La salvación es un regalo de Dios.

LA MUERTE

Todos sabemos que vamos a morir algún día, que no somos eternos, no importa cuánto tiempo vivamos, la muerte va a llegar por ti algún día, y no hay nada que podamos hacer al respecto.

Y de la manera que está establecido a los hombres, que mueran una vez y después el juicio.

Hebreos 9:27

Aquí vemos dos cosas que Dios estableció a todos, morir y después el juicio.

La muerte entro al mundo en el momento que Adán desobedeció a Dios. La muerte fue el castigo de Dios a Adán junto con el resto de su descendencia **(Génesis 3:17),** *pero el amor, misericordia y paciencia de Dios, nos concede el arrepentimiento* **(Hechos 5:31) (Hechos 11:18) (Romanos 2:4)** *para salvación por medio de su Hijo Jesucristo.*

La Biblia nos revela que todos tenemos que morir a consecuencia de la desobediencia de Adán por cuanto heredamos el pecado en nosotros mismos, 'la paga del pecado es muerte'

104

Pero ¿qué pasa después de la muerte?

La Biblia nos revela la respuesta, para comprenderlo con claridad vayamos al principio.

Entonces Jehová Dios formo al hombre del polvo de la tierra, y soplo en su nariz aliento de vida, y fue el hombre un ser viviente.

Génesis 2:7

Aquí vemos dos cosas que Dios hizo.

- *Dios tomo polvo de la tierra, ------------------- polvo para formar al hombre.* +
- *Dios soplo en su nariz, y ----------------------- soplo le dio aliento de vida* _____
'Y fue el hobre un ser viviente' = *Alma viviente*

Todo ser humano está compuesto de la misma forma que Adán.

- *De polvo, esto es: el cuerpo, la carne, los huesos.*
- *Aliento de vida: Espíritu de vida de Dios*
        Polvo (carne) y espíritu
Somos carne y espíritu, esto debe quedar claro.

Polvo ----- cuerpo
+
Soplo ------ de Dios----vida

_____
= Alma ------ viviente

Polvo + soplo = vida

Cuerpo + espíritu de vida de Dios = Alma viviente
Cuando Adán desobedeció, Dios le dijo:

Pues polvo eres, y al polvo volverás.

Génesis 3:19

¿Qué pasa después de la muerte?

Y el polvo vuelve a la tierra, como era y el espíritu vuelve a Dios que lo dio.

Eclesiastés 12:7

Polvo ----- vuelve al polvo

Espíritu---- vuelve a Dios

_____

--- no hay alma

La palabra de Dios revela que cuando una persona muere, la persona no sabe nada, no tiene pensamientos ni sentimientos, ni tiene memoria, todo su amor o su odio, su envidia se acabaron, pues la persona no siente ni sabe NADA, y ya no tendrá NUNCA más parte en todo lo que se hace aquí en la tierra. Ni su alma está vagando, ni descansando, ni gozando en el cielo, ni en ningún lugar, su cuerpo, carne y huesos volvieron a la tierra y su espíritu volvió a Dios, en ese momento No hay alma viviente, ni sabiduría, ni trabajo, ni ciencia.

Porque los que viven saben que han de morir; pero los muertos nada saben, ni tienen más paga; porque su memoria es puesta en olvido.

Eclesiastés 9:5

Pues sale su aliento, y vuelve a la tierra; en ese mismo día perecen sus pensamientos.

Salmos 146:4

También su amor y su odio y su envidia fenecieron ya y nunca más tendrán parte en todo lo que se hace debajo del sol.

Eclesiastés 9:6

Todos tenemos que morir algún día, ese fue el castigo establecido por Dios. Antes de que Adán desobedeciera a Dios, Dios ya había establecido el castigo, Adán sabía lo que pasaría si desobedecía.

Dios le dijo a Adán

De todo árbol podrás comer, más del árbol de la ciencia del bien y el mal no comerás porque el día que de el comieres ciertamente morirás.

Génesis 2:17

A causa de esa desobediencia, todos tenemos que morir, y nadie lo puede evitar.

El juicio

La Biblia claramente dice que todas las obras de cada persona ya sean buenas o malas, son examinadas por Dios, Dios escudriña todos los corazones de los humanos, Dios ha establecido un día para juzgar a los malos y recompensar a los justos, pero nadie sabe ni la hora, ni el día, ni los ángeles, ni el Hijo saben que día es.

Pero de aquel día y de aquella hora nadie sabe, ni aun los ángeles que están en el cielo, ni el Hijo sino el Padre.

S. Marcos 13:32

Palabras de Jesucristo

Ciertamente vengo pronto.

Apocalipsis 22:20

No os maravilléis de esto; porque vendrá hora cuando todos los que están en los sepulcros oirán su voz.
Y los que hicieron lo bueno saldrán a resurrección de vida, más los que hicieron lo malo a resurrección de condenación.

S Juan 5:28-29

Después de la muerte, la persona no sabe ni siente nada, la carne, el cuerpo vuelve al polvo y el espíritu regresa a Dios, en ese momento No hay alma. Cuando Jesucristo venga, todos vamos a resucitar unos para vida eterna y otros para condenación.

El juicio de Dios

De la manera que está establecido para los hombres que mueran una sola vez y después de esto el juicio.

Hebreos 9:27

Dios ha establecido un día para juzgar toda la tierra, el día del juicio nadie lo sabe solo Dios, el recompensara o castigara a cada persona (**Mateo 16:27**) *según sus obras* (**Romanos 2:6**) (**Apocalipsis 22:12**) *la recompensa es la salvación, la vida eterna por medio de Jesucristo y el castigo es la muerte segunda.*

Los justos recibirán la vida eterna (**Romanos 2:7**) *los malvados irán al castigo eterno, al fuego eterno preparado para el Diablo y sus ángeles* (**S. Mateo 25:41-46**)

La muerte segunda

Y el que no se halló inscrito en el libro de la vida fue lanzado al lago del fuego.

Apocalipsis 20:15

Y el infierno y la muerte fueron lanzados en el lago de fuego, esta es la segunda muerte.

Apocalipsis 20:14

Mas a los temerosos e incrédulos, a los abominable y homicidas, a los fornicarios y hechiceros y a los idolatras, y a todos los mentirosos, su parte será en el lago ardiendo con fuego y azufre que es la muerte segunda.

Apocalipsis 21:18

Pero los cielos y la tierra que existen ahora, están reservados por la misma palabra, guardada para el fuego en el día del juicio y la perdición de los hombres impíos.

2 Pedro 3:7

'El que venciere' no recibirá daño de la muerte segunda.

Apocalipsis

El juicio de Dios es inevitable y su juicio va hacer individual, cada uno será juzgado por sus obras, cada uno recibirá de acuerdo a lo que haya hecho **(2 Corintios 2:10) (Romanos 14:12),** *su juicio estará basado en la verdad, Dios es la verdad, Jesucristo es la verdad, la palabra de Dios, la Biblia es la verdad.*

Podemos ver que hay por decirlo así dos grupos o posibilidades de acuerdo con las Escrituras de lo que sucederá cuando Jesucristo venga, para todos aquellos que hayan muerto antes de su venida.

- *Grupo o posibilidad 1: resucitar para vida eterna.*
- *Grupo o posibilidad 2: resucitar para condenación.*

La Biblia revela que resucitaran primero los muertos en Cristo. **(1 Tesalonicenses 4:16)**

¿Tú en que grupo crees estar?

Si tú no te has arrepentido de tus pecados de todo corazón y no amas a Jesucristo es imposible estar en el grupo 1

Pero por tu dureza y tu corazón no arrepentido, atesoras para ti mismo ira para el día de la ira y de la revelación del justo juicio de Dios.

Romanos 2:5

Mas yo os digo que de toda palabra ociosa que hablen los hombres, de ella darán cuenta en el día del juicio.

S. Mateo 12:36

Y el mar dio a los muertos que estaban en él; y la muerte y el Hades dieron los muertos que estaban en ellos; y fueron juzgados cada uno según sus obras.

Apocalipsis 20:13

El día del juicio de Dios, es el día en el cual juzgara al mundo entero, en donde castigara a los malos, ese castigo es toda la ira de Dios acumulada por toda la maldad y pecados de toda la historia de la humanidad, la ira de Dios se encenderá y el furor de su enojo explotara y será derramado sobre todo aquel que no haya hecho su voluntad.

......Temed a aquel que después de haber quitado la vida, tiene poder de echar en el infierno; si, os digo, a este temed.

S. Lucas 12:5

La segunda venida de Cristo.

He aquí que viene con las nubes, y todo ojo le vera, y los que le traspasaron, y todos los linajes de la tierra se lamentaran sobre él.

Apocalipsis 1:7

La biblia revela que Jesucristo descenderá del cielo, y los muertos en Cristo, los que tienen a Jesucristo en su corazón y e hicieron su voluntad y hayan muerto, resucitaran primero (1 Tesalonicenses 4:16) *y los que estén aún vivos en el día de su venida serán arrebatados juntamente con los resucitados en Cristo.* (S. Mateo 16:28) (S. Marcos 9:1)

(1 Tesalonicenses 4:17).

Porque el Señor mismo con voz de mando, con voz de arcángel, y con trompeta de Dios, descenderá del cielo; y los muertos en Cristo resucitaran primero.

Luego nosotros los que vivimos, los que hayamos quedado, seremos arrebatados juntamente con ellos en las nubes para recibir al Señor en el aire, y así estaremos siempre con el Señor.

1 Tesalonicenses 4:16-17

Jesucristo dijo velad porque no sabéis en que día vendré, en ese día ya no habrá más tiempo para nadie.

Entonces dirá a los de la izquierda: apartaos de mí, malditos, al fuego eterno preparado para el Diablo y sus ángeles.

S. Mateo 25:41

Jesucristo es el único que ha entrado en la muerte y la ha derrotado, es el único que ha vencido al mayor enemigo del hombre a Satanás, es el único que murió y regreso vencedor, al resucitar.

¿Dónde está oh Muerte tu victoria? **(1 Corintios 15:55)**

No te dejes devorar por la muerte, Jesucristo nos vino a salvar, todos estamos a un paso de la muerte como David dijo: Apenas hay un paso entre mí y la muerte, si creemos en Jesucristo viviremos.

He aquí el día de Jehová viene, terrible y de indignación y ardor de ira, para convertir la tierra en soledad, y raer de ella a sus pecadores.

Isaías 13:9

Y el que no se halló inscrito en el libro de la vida fue lanzado en el lago de fuego.

Apocalipsis 20:15

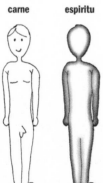

CARNE Y ESPÍRITU

Todo ser humano está compuesto de carne y espíritu, pero la realidad es que son totalmente diferentes, ya que la carne es y quiere totalmente todo lo opuesto a lo que es y quiere el espíritu; la carne es visible, esto es nuestro cuerpo, y el espíritu es invisible, como seres humanos es posible que vivamos toda una vida sin darnos cuenta a causa del pecado. Ya que el Espíritu de vida que tenemos proviene de Dios, podríamos decir que estamos atrapados en un cuerpo contaminado de pecado.

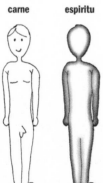

carne   espíritu

La palabra de Dios nos revela esta grande verdad y nos da mucha información a detalle al respecto, tanto Jesucristo como sus discípulos nos guían acerca de cómo lidiar con esta situación.

Digo pues: Andad en el Espíritu y no satisfagáis los deseos de la carne.

Gálatas 5:16

Porque el deseo de la carne es contra el Espíritu, y el del Espíritu es contra la carne; y estos se oponen entre sí, para que no hagáis lo que quisiereis.

Gálatas 5:17

Esto lo dijo Pablo.

¿Quién es Pablo?

Pablo de Tarso, originalmente llamado Saulo, es considerado uno de los discípulos más importantes de Jesús. Poco después de la crucifixión de Cristo, Saulo se convirtió en el mayor enemigo de Jesús, se comenzaron a formar grupos de seguidores de Jesucristo, Saulo era quien se encargaba de perseguir y destruir a todas las comunidades Cristianas. La Biblia revela que Dios lo eligió a él para ser el principal difusor del Cristianismo; de ser el mayor enemigo de Jesús se convirtió en el principal mensajero de Jesús (**Gálatas 1:13**) (**Filipenses 2:6**). Convirtiéndose en seguidor de Cristo, pide ser bautizado y adopta el nombre de Pablo.

Pablo arriesgo su vida por salvar el mensaje de Jesús, sufriendo torturas, encarcelamientos y morir decapitado en Roma por la palabra de Dios. Y ahora gracias a Pablo por la voluntad de Dios es que podemos tener el verdadero mensaje de Dios.

Volviendo a los versículos anteriores, claramente, dice que el deseo de la carne es contra el Espíritu y el Espíritu es contra la carne.

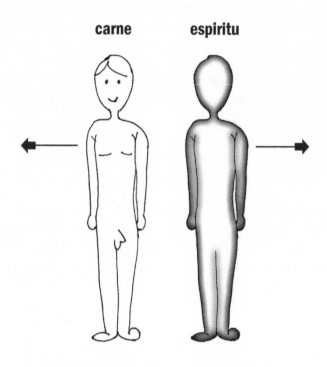

'y estos se oponen entre sí"

Son lo opuesto, significado de opuesto:

- *Se aplica a lo que es totalmente diferente a otro.*
- *Se aplica a lo que es contrario a algo.*

"Opuesto" es un adjetivo, el término se emplea para denominar aquello que resulta totalmente distinto o que es totalmente lo contrario a otra cosa determinada.

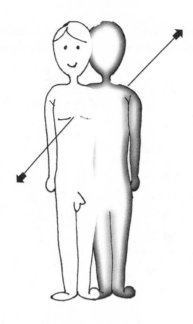

La Biblia revela que los deseos de la carne es decir lo que es y quiere la carne, nos llevan a la muerte, pero los deseos del Espíritu, nos llevan a la vida. Podríamos decir que el bien y el mal están en cada ser humano, y esta es la lucha constante de la cual habla la palabra de Dios.

Porque la intención de la carne es muerte, más la intención del Espíritu vida y paz.

Romanos 8:6

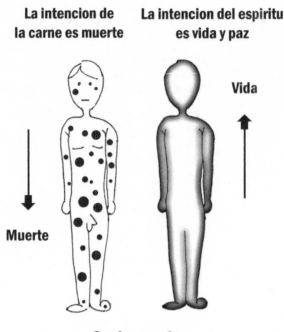

**La intencion de
la carne es muerte**

**La intencion del espíritu
es vida y paz**

Vida

Muerte

Son lo opuesto

Cuando el ser humano no sabe o no comprende o no acepta esta realidad, es muy probable que existan problemas existenciales, falta de auto comprensión, es decir, la persona no sabe ni quien es, ni adónde va, ni porque está vivo y por lo consiguiente cae en depresión. Los que están en Cristo, Dios no permite que les suceda esto ya que hay gozo en sus corazones.

La palabra de Dios revela que somos carne y Espíritu, y los deseos de la carne nos llevan a muerte, y los deseos del Espíritu a vida. Y si tu amas de todo corazón a Dios, lo obedeces por amor a él, de lo contrario no lo amas y nada más te engañas a ti mismo.

La voluntad de Dios es que vivas con él para siempre, la voluntad de Dios es que no andemos en caminos de muerte, en los caminos de la carne, la voluntad de Dios es que vivamos por el Espíritu.

Los verdaderos creyentes no practican los deseos de la carne, si no buscan las cosas del Espíritu.

Pero los que son de Cristo han crucificado la carne con sus pasiones y deseos.

Gálatas 5:24

Lo que la Biblia la palabra de Dios nos revela es que todo ser humano es: carne y Espíritu.

- *La carne nos lleva a muerte.*
- *El Espíritu nos lleva a vida.*

¿A quién le vamos a hacer caso si los dos son lo opuesto? Y los dos están en uno mismo. ¿A la carne? O ¿al Espíritu? Dios nos dice que vivamos por el Espíritu.

Por esta razón es que existen diferencias, formas y opiniones distintas de pensar, por esta razón existen las guerras y los pleitos a causa del pecado, ya que la carne está contaminada de pecado (esencia de Satanás) y nos lleva a la muerte. Y la realidad es que vivimos en un mundo donde estamos rodeados de personas que viven y son guiados por la carne. Dios nos dio libre albedrio.

¿Culés son las obras de la carne?
Ver capitulo siguiente.

Porque la intención de la carne es muerte, más la intención del Espíritu vida y paz.

Romanos 8:6

Mas vosotros no estáis en la carne si no en el Espíritu, si es que el Espíritu de Dios mora en vosotros, y si alguno no tiene el Espíritu de Cristo, el tal no es de él.

Romanos 8:9

Dios nos revela que esto es una lucha con uno mismo, por eso nos dice "el que venciere", la lucha constante con la que tenemos es con nuestra propia carne y con nuestro propio Espíritu.

Amados, yo os ruego como extranjeros y peregrinos, que os abstengáis de los deseos carnales que batallan contra el alma.

1 Pedro 2:11

Para comprender más esto veamos unos versículos, que nos ilustran más. Cuando Pablo apóstol de Jesucristo escribe "el pecado que mora en mi"
Pablo:
Así queriendo yo hacer el bien, hallo esta ley: que el mal está en mí.

Porque según el hombre interior _____ el Espíritu.
me deleito en la ley de Dios.

Pero veo otra ley en mis miembros _____ la carne
que se revela contra la ley de mi mente,
y que me lleva cautivo a la ley del pecado
que está en mis miembros. _____ la carne

¡Miserable de mí! quien me librara de este cuerpo de muerte?

Gracias doy a Dios, por Jesucristo Señor nuestro, así que yo mismo con la mente sirvo a la ley de Dios, mas con la carne a la ley del pecado.

Romanos 7:21-25

Palabras de Jesucristo.

Velad y orad, para que no entréis en tentación; el espíritu a la verdad está dispuesto, pero la carne es débil.

S. Mateo 26:41

El ocuparse de la carne es muerte pero el ocuparse del Espíritu es vida, por cuanto los designios de la carne son enemistad contra Dios; porque no se sujetan a la ley de Dios, ni tampoco pueden, y los que viven según la carne no pueden agradar a Dios.

Romanos 8:6-8

La voluntad de Dios es que todos seamos salvos. Dios por amor mando a su Hijo Jesucristo para salvarnos, el ya hizo su parte, ahora nosotros como pecadores, al aceptar a Jesucristo de todo corazón como Hijo de Dios nuestro Salvador, le demostramos a Dios que lo amamos. El aceptar a Jesucristo es aceptar su mensaje, y hacer su voluntad por amor, su mensaje nos lleva a la vida, por eso quiere que hagas su voluntad, porque nos quiere salvar.

Porque el Hijo del Hombre no ha venido para perder las almas de los hombres, si no para salvarlas.

S. Lucas 9:56

Recordemos que hay una batalla entre Dios y Satanás, esta batalla aunque no sea visible, sus estragos se producen en las almas de los seres humanos dotados de libre albedrio. Ya que nuestra carne está contaminada por el pecado a causa de Satanás, tenemos la esencia del veneno de Satanás en nuestra carne que es el pecado, y el Espíritu que proviene de Dios es vida y paz. El bien y el mal está en cada ser humano, y Dios nos da la libertad de escoger entre el bien y el mal, pero también nos advierte las consecuencias que lleva tanto el bien como el mal. Dios o Satanás.

Satanás conocía perfectamente de qué manera estaba organizado el ejército espiritual de Dios, pues Satanás estuvo conviviendo mucho tiempo con Dios, así que Satanás sabe cómo engañar al hombre para opacar la gloria de Dios. Por eso está escrito:

Por tanto tomad la armadura de Dios, para que podáis resistir en el día malo, y habiendo acabado todo estar firmes.

Efesios 6: 13

¿Cuál es la armadura de Dios?
Ver capitulo La armadura

La Biblia revela la batalla entre Dios y Satanás, por las almas, cada uno con sus respectivos ejércitos, hay que tomar en cuenta que cuando un ejército entra en guerra, es porque ya preparo un plan de acción, va contra el enemigo conoce la situación y el área de ataque. ¿Quién es?, ¿cómo son?, ¿cómo están armados? O ¿qué poder tienen? Satanás y sus ángeles caídos se dedican a hacer pecar al hombre y alejarlo de Dios, para ganar almas.

Todo lo que Dios hace Satanás lo aborrece, lo odia, el ser humano es creación de Dios, Satanás quiere destruir al ser humano por ser creación, obra y plan de Dios. Abre tus ojos no te dejes engañar por Satanás porque el No está de tu lado solo te quiere destruir.

El reconocer esta realidad nos ayuda a vivir más en guardia, contra los apetitos carnales a fin de fortalecernos para alcanzar la victoria.

Y el Dios de paz aplastara en breve a Satanás bajo vuestros pies, la gracia de nuestro Señor Jesucristo sea con vosotros.

Romanos 16:20

En conclusión la Biblia habla claramente, la voluntad de Dios es que vivamos por el Espíritu, que luchemos contra todos los deseos carnales, y nos advierte que Satanás quiere que caigamos en su trampa, en cualquier obra carnal, toda obra carnal nos aleja de Dios.

Palabras de Jesucristo

El espíritu es el que da vida; la carne para nada aprovecha, las palabras que yo os he
hablado son espíritu y vida.

S. Juan 6:63

Toda carne es como hierba y toda la gloria del hombre como flor de la hierba, la hierba se seca y la flor se cae, más la palabra del Señor permanece para siempre.

1 Pedro 1:24

Esto empero digo hermanos; que la carne y la sangre no pueden heredar el reino de Dios.

1 Corintios 15:50

LAS OBRAS DE LA CARNE

Las obras de la carne, son cosas que hacemos nosotros no el Diablo, el Diablo está trabajando todo el tiempo para que nosotros caigamos en cualquier obra carnal. La misión del Diablo es atraparnos en las obras carnales, entre más carnales seamos más caemos en la trampa del Diablo, y lo que la Biblia revela es que por amor Dios quiere que nos demos cuenta de esa realidad. (recordemos que hay una batalla por las almas).

Pablo dice que las obras de la carne son "manifiestas" que en griego "phaneros" que significa "ampliamente conocidas "evidentes **(Gálatas 5:19)**

Cualquier persona que practique cualquier obra carnal, podrá engañar a los demás diciendo que no lo hace, pero. ¿podrá engañarse a el mismo? No, no puede.

Las obras carnales son claramente conocidas tanto por quienes las practican tanto como por Dios.

¿Cuáles son las obras de la carne?

Y manifiestas son las obras de la carne que son:

121

Adulterio, fornicación, inmundicia, lascivia, idolatría, hechicerías, enemistades, pleitos, celos, iras, contiendas, disensiones, herejías, envidias, homicidios, borracheras, orgias, y cosas semejantes a estas......
Que los que practican tales cosas no heredaran el reino de Dios.

Gálatas 5:19

Toda obra carnal es considerada pecado

Adulterio: El pecado del adulterio es tan serio que se encuentra en la ley los 10 mandamientos.
"No cometerás adulterio"
El adulterio es el trato o relación sexual con alguien que no es tu esposo o esposa. Sin embargo Jesucristo fue aún más lejos.
Palabras de Jesucristo

Oísteis que fue dicho: No cometerás adulterio, pero yo os digo que cualquiera que mira a una mujer para codiciarla, ya adultero con ella en su corazón.

S. Mateo 5:27

Adulterio no solo es el acto sexual con una persona diferente a su esposa (o), sino también el mirar y desear a una mujer o hombre.

Fornicación: Es sexo fuera del matrimonio, inmoralidad sexual, prostitución, incesto, bestialismo, pedofilia, homosexualidad, tríos, etc.

Huid de la fornicación. Cualquier otro pecado que el hombre cometa, esta fuera del cuerpo; mas el que fornica, contra su propio cuerpo peca.

1 Corintios 6:18

Inmundicia: Cualquier contacto físico que provoque en el hombre una impureza espiritual, el placer de ver u oír cosas sucias, en algunas ocasiones la Biblia apunta a una relación entre dos personas del mismo sexo, lesbianismo, homosexualismo, travestis. **(Romanos 1:26)**

Lascivia: Inclinación muy intensa, hacia los placeres corporales, especialmente los sexuales, todo acto sucio o inmundo, movimientos físicos indecentes, por ejemplo: los bailes sensuales provocativos, manoseos impúdicos, se refiere exactamente al exceso de placeres físicos en forma indecente y vergonzosa.

Idolatría: Adoración y culto a otros dioses que no sea Dios, para Dios la avaricia es considerada idolatría **(Colosenses 3:5) (Deuteronomio 6:13),** *también el venerar a figuras de oro madera etc... Para Dios la idolatría es considerada abominación, que quiere decir repulsión y rechazo de Dios.*

En forma figurada Dios lo considera como fornicación porque para Dios, el hombre es su templo por lo tanto solo debe de ser de el física y espiritualmente. **(1 Corintios 6:19)**

Hechicerías: Cualquier práctica del ocultismo o magia, como el encantamiento, la adivinación, el leer cartas o la mano para ver el futuro, la interpretación de sueños, los exorcismos realizados atraves de contacto con malos espíritus, espíritus demoniacos, el uso de mediadores entre espíritu y hombre. El uso de drogas y filtros misteriosos: la mariguana, hachís, cocaína, Speedy, peyote, mezcalina, hongos, estas son drogas de alucinamiento de hechicería, ellas atacan la mente y la abren para que entre un demonio o espíritu maligno.

No os volváis a los encantadores, ni a los adivinos; no los consultéis.

Levítico 19:31

Brujería: Cualquier persona que se comunica con un espíritu, guía en sus meditaciones, eso es posesión demoniaca, no importa cuán agradables y benevolente pueda parecer ese espíritu.

......Quien practique adivinación, ni agorero, ni sortílego, ni hechicero, ni encantador, ni adivino, ni mago, ni quien consulte a los muertos, porque es abominación para con Jehová.

Deuteronomio 18:9

Pleitos: discusiones que pueden tener consecuencias lamentables, iniciado por desacuerdos de opiniones, discusiones que causan palabras hirientes y sucias, que pueden llevar a actitudes agresivas e inclusive hasta la muerte (un pleito ocasiona guerra).

Celos: Sentimientos que muchas veces llega a ser incontrolable, es un sentimiento que perturba al hombre del miedo de ser remplazado por otro igual o mayor que él, tanto así que se confunde el corazón y llega a producir en él, la ira, la envidia e incluso lleva al pleito y a buscar el mal del prójimo.

Iras: Es un estado de ánimo, el enojo extremo, que quien practica la ira, no tiene la capacidad de controlar su ser, por consecuencia de este estado de ánimo hasta puede llegar a perder el dominio propio y provocar una conducta inapropiada, que con lleva a la violencia y ocasionar la muerte.

Contiendas: Pelear o discutir por conseguir un propósito y una lucha por un objetivo, pero esa lucha lleva consigo el desear el mal al otro, tratar de hacer perder al otro para avergonzarlo, llevándolo a la ira, el pleito y todas sus consecuencias.

Descensiones: Diferencia de opiniones que nunca llegan a ningún acuerdo, y que lleva a una enemistad entre dos o más personas, divisiones.

Herejías: Es toda inclinación a un pensamiento erróneo, distinto de la palabra de Dios, se considera hereje a lo que desvía alguna parte de la enseñanza de Cristo y de la Biblia, las distintas religiones, sectas, que quitan o aumentan mensajes o predicas distintas a lo que está escrito en la Biblia; porque no te llevan al camino de la verdad establecido por Dios, escrito esta: palabras de Jesucristo.

Yo soy el camino y la verdad y la vida.

S. Juan 14:16

Toda religión, secta, grupo u organización que enseñe, cosa distinta al verdadero mensaje de Dios.

Envidias: La envidia es un sentimiento intenso experimentado por aquel que desea algo intensamente que posee el otro. La base de la envidia es el afán de poseer. También, es el pesar, o tristeza del bien de otra persona, el no poder llegar a dominar este sentimiento, puede ser altamente destructivo.

Homicidios: Dar muerte a otra persona premeditadamente, esto quiere decir que fluyo algún sentimiento en contra de esa persona, para dar lugar a la muerte, pudo haber sido por venganza, envidia, celos, pleitos, coraje, ira, rabia, por dinero etc.

Borracheras: Es el estado de intoxicación por el exceso de alcohol, a un grado suficiente, como para deteriorar las funciones mentales y la incapacidad de controlar o dominar su propia lengua y cuerpo. Una persona que habitualmente, se intoxica de este modo se etiqueta como alcohólico, adopta como consecuencia todo lenguaje vulgar y es hipócrita, ya que cuando esta sobrio, no actúa igual.

Urgía: Es una actividad sexual en grupo, (ya no es una actividad de matrimonio) que lleva a la lascivia y a la fornicación.

¿Se podrán vencer las obras de la carne?

Si, si se puede, porque también somos espíritu, y Dios nos dejó su armadura.

Porque si vivís conforme a la carne moriréis, más si por el espíritu hacéis morir las obras de la carne, viviréis.

Romanos 8:13

Y los que viven según la carne, no pueden agradar a Dios.

Romanos 8:8

Dios Todopoderoso puede sacar a una persona impura de un mundo impuro, hacer a esa persona santa, devolverla al mismo mundo impuro, y guardarla santa (hasta su venida) en medio de una generación deformada, perversa y pervertida.

No améis al mundo, ni las cosas que están en el mundo. Si alguno ama al mundo, el amor del Padre no está en él.

Porque todo lo que hay en el mundo, los deseos de la carne, los deseos de los ojos, y la vanagloria de la vida, no provienen del Padre, si no del mundo.

Y el mundo pasa, y sus deseos; pero el que hace la voluntad de Dios permanece para siempre.

1 Juan 2:15-17

¡Oh Almas adulteras! ¿No sabéis que la amistad del mundo, es enemistad contra Dios?

Santiago 4:4

El amor de Dios no tiene condición es decir: No es que Dios nos diga:

- *Yo te amo con una condición.*
- *Yo te amo a condición de que no peques.*
- *Yo te amo con la condición de no pecar.*
- *Con tal de que no peques, yo te amare.*
- *Siempre y cuando no peques, te voy amar.*
- *Nada más cuando no peques te amare.*
- *Mientras que no peques, yo te amo*

No, eso no es amor. Una condición es algo que es necesario o que se exige para que sea posible una cosa, como los ejemplos anteriores.

"Yo te amo solo si no pecas"

Lo increíble es que Dios no es así.

El ser humano es pecador, condición humana = pecado, ningún ser humano, lo puede evitar, todo ser humano al llevar el pecado adentro, está expuesto a caer en obras carnales en todo momento, quien mejor que Dios lo va a saber, ningún ser humano es perfecto, y ningún ser humano puede ser santo como Dios, porque tenemos el pecado en la carne, y como condición humana, todos como pecadores hemos hecho cosas que ante los ojos de Dios son malas.

Dios a pesar de todas las obras carnales, comportamientos y pecados de todo ser humano, por amor envió a su Hijo Jesucristo a la tierra para perdonar nuestros pecados al ser crucificado.

El amor de Dios No es condicional. Si el amor de Dios fuese condicional fuese así.

-Si dejas de pecar mando a mi Hijo crucificar para que el page y perdonarte tus pecados, solo si no pecas.-

"Gracias a Dios que no es así"

Dios nos habla en su palabra y quiere que platiquemos con él, y tengamos una relación de Padre a hijo, no tenemos que organizar nuestras vidas antes.

El amor de Dios no es condicional, pero quiere ser correspondido. Dios nos ama ya nos lo demostró.

Porque de tal manera amo Dios al mundo, que ha dado a su Hijo unigénito para que todo aquel que en él cree, no se pierda, mas tenga vida eterna.

S. Juan 3:16

El ya hizo su parte.
La pregunta es ¿tú lo amas?
¿Qué haces al respecto?

Nuestras actitudes, acciones, comportamientos y pensamientos son la evidencia que Dios tiene para ver si realmente lo amamos. Cuando hacemos su voluntad, le demostramos a él, cuán importante es el en nuestras vidas y el amor se notara en nuestros comportamientos, haciendo lo que a él le agrada.

Los que viven según la carne no pueden agradar a Dios.

Romanos 8:8

Por eso también es importante saber que le agrada a Dios y que le desagrada. La Biblia nos revela infinidad de cosas que Dios aborrece.

6 cosas aborrece Jehovah y aun 7 abomina su alma.

- **Los ojos altivos**
- **La lengua mentirosa**
- **Las manos derramadoras de sangre inocente**
- **El corazón que maquina pensamientos inicuos**
- **Los pies presurosos para correr al mal**
- **El testigo falso que habla mentira**
- **El que siembra discordia entre hermanos**

Proverbios 6:16-19

Además de las cosas que Dios aborrece, también la Biblia menciona las cosas que son abominación a Él.
¿Qué es abominación?

Abominación es rechazo, es aborrecer algo, cosa detestable, algo asqueroso, repulsión, repugnar. Cuando la Biblia nos menciona lo que es abominación para Dios, adquiere un matiz particular, porque describe a personas, cosas, hechos, características que le son detestables, que su ser rechaza porque son contrarias a su naturaleza. Todo lo que va en contra de su naturaleza y creación es detestable para El.

Un ejemplo claro es el homosexualismo, los gueys, y el lesbianismo, va en contra de la naturaleza de Dios, su creación.

No vestirá la mujer traje de hombre, ni el hombre vestirá ropa de mujer, porque abominación es a Jehová tu Dios cualquiera que esto hace.

Deuteronomio 22:5

Abominación es a Jehová:

- *El camino del impío.* **(Proverbios 15:9)**
- *El camino del malo.* **(Proverbios 15:26)**
- *Todo altivo de corazón.* **(Proverbios 16:5)**
- *El que justifica al impío y el que condena al justo* **(Proverbios 17:15)**
- *Las pesas falsas y la balanza falsa* **(Proverbios 20:23)**
- *Los perversos de corazón.* **(Proverbios 11:20)**
- *El sacrificio de los impíos.* **(Proverbios 15:8)**
- *Los labios mentirosos.* **(Proverbios 12:22)**

Impío es aquella persona que es irrespetuoso, que no muestra respeto, que es cruel, que se opone a todos los mandatos y principios bíblicos.

El que aparta su oído para no oír la ley, su oración también es abominable.

Proverbios 28:9

Jehová está lejos de los impíos.

Proverbios 15:29

Dios es la autoridad del universo de la tierra de toda alma viviente, y de todo lo que existe, es mejor estar del lado de Dios, y tomarlo en cuenta en todos los comportamientos y decisiones que tomemos, por amor nos revela lo que podría suceder si no lo tomamos encuentra.

Y como ellos no aprobaron tener en cuenta a Dios, Dios los entrego a una mente reprobada, para hacer cosas que no convienen, estando atestados de toda: injusticia, fornicación, perversidad, avaricia, maldad, llenos de envidia, homicidios, contiendas, engaños, y malignidades, murmuradores, detractores, aborrecedores de Dios, injuriosos, soberbios, altivos, inventores de males, desobedientes a los padres, necios, desleales, sin afecto natural, implacable, sin misericordia. Quienes habiendo entendido el juicio de Dios, que los que practican tales cosas. "son dignos de muerte", no solo las hacen, sino que también se complacen con los que las practican.

Romanos 1:28-32

Todo pecado es rechazo por Dios, aun hasta el que menosprecia a su prójimo, escrito esta:

Peca el que menosprecia a su prójimo.

Proverbios 14:21

El menosprecio es un sentimiento por el cual se da menos valor o importancia de lo que se merece una persona, es despreciar, ya sea por su físico, carácter, clase social etc.

La palabra de Dios nos dice que todos somos iguales, nadie es más ni menos.

Condición humana = pecador, seas quien seas.

El menosprecio es considerar que una cosa o una persona no merecen atención, por considerarla indigna o inferior.

Algunos sinónimos de menospreciar son: despreciar, degradar, humillar, ignorar, arrinconar.

La persona que menosprecia a alguien por lo general lo hace notorio para que los demás se den cuenta, se refiere exactamente a recalcar su desprecio Asia X persona.

Palabras de Jesucristo

De cierto, de cierto os digo, que todo aquel que hace pecado, esclavo es del pecado.

S. Juan 8:34

Otras de las cosas de las que no le agradan a Dios, que menciona la Biblia, es la soberbia y el amor al dinero.

Soberbia:
Orgullo, es un sentimiento de valoración de uno mismo por encima de los demás, la soberbia va acompañada de la altivez, arrogancia y vanidad. También se puede definir como la creencia de que todo lo que posee es superior a cualquier otro, se cree capaz de superar todo lo que digan o hagan los demás, el deseo continuo de ser preferido por otros, por el amor al propio yo.
Si buscamos el significado en el diccionario encontramos esto: soberbia:

- *Orgullo o sentimiento de superioridad frente a los demás, que provoca un trato despectivo y desconsiderado al otro, altivez.*
- *Rabia o enfado que muestra una persona de manera exagerada ante una contrariedad.*

Antes del quebrantamiento es la soberbia.

Proverbios 16:18

Mejor es humillar el espíritu con los humildes, que repartir despojos con los soberbios.

Proverbios 16:19

Mejor es el sufrido de espíritu que el altivo de espíritu.

Eclesiastés 7:8

Enmudezcan los labios mentirosos que hablan contra el justo cosas duras con soberbia y menosprecio.

Salmos 31:18

La pretensión: La pretensión es alguien que ostenta tener más cualidades físicas, materiales, emocionales etc., que los demás, la persona que es pretensiosa se cree más que todos los demás, que pretende, que dice ser pero no es.

Es alguien que se quiere poner a una altura social, física, mental, muy alta, que solo está en su imaginación.

Amor al dinero

La Biblia revela que el amor al dinero es la raíz de todos los males.

Porque nada hemos traído a este mundo y sin duda nada podremos sacar. Así que, teniendo sustento y abrigo estemos contentos con esto.

1 Timoteo 6:7

Note que la Biblia dice que el amor al dinero es la raíz de todos los males.
Raíz: es la parte principal o punto de partida de donde proceden las cosas visibles o las demás cosas, por ejemplo: La raíz de un árbol, es el punto de partida de donde va a salir el tronco, las ramas, las semillas, las hojas, y finalmente el fruto.

Porque raíz de todos los males es el amor al dinero.

1 Timoteo 6:10

Todo mal procede de una raíz, esa raíz es amor al dinero.

'todos los males' todos esos males son: la soberbia, la arrogancia, la avaricia, la codicia, la altivez, el mal camino, la boca perversa, la mentira, la ambición, contiendas, la necedad, el menosprecio, la envidia, celos, y muchos otros más que derivan o conllevan a contaminar el corazón y a pecar.

El amor al dinero es lo que caracteriza a alguien que coloca su corazón en la posesión del dinero, a tal grado que pone el dinero como si fuera su dios, poniendo su corazón, esperanza y fuerza en el dinero, violando así el primer mandamiento.

Amaras al Señor tu Dios con todo tu corazón, y toda tu alma y con toda tu mente.

S. Mateo 22:36

El amor al dinero es una expresión del amor propio en oposición al amor de Dios, amadores de sí mismos y amantes del dinero **(2 Timoteo 3:2-4)** *Amadores de los placeres más que amadores de Dios.*

Aclaremos un punto la riqueza no es mala en sí misma, eso ya lo sabemos, pero ese "deseo interior" de poseer y hacerse rico se convierte en una trampa:

* tentación   * lazos   * codicias necias engañosas

1 Timoteo 6:9

Hay quienes pretenden ser ricos, y no tienen nada; y hay quienes pretenden ser pobres, y tienen muchas riquezas.

Proverbios 13:7

El centro de todo el asunto está en el corazón, Jesús dijo: "donde esta vuestro tesoro, allí estará también vuestro corazón" **(Mateo 12:21)**

Con dinero podemos comprar:
Medicinas ----------pero no salud.
Libros----------------mas no sabiduría.
Un crucifijo ---------mas no un salvador.
Una iglesia ----------mas no la vida eterna.

No podéis servir a Dios y a las riquezas.

S. Lucas 16:13

Hijos cuán difícil les es entrar en el reino de Dios, a los que confían en las riquezas.

S. Marcos 10:24

El propósito de Satanás es segar las mentes y los corazones, y está trabajando todo el tiempo activa y poderosamente en las mentes del ser humano, para opacar la gloria, poder y verdad de Dios. Satanás y sus demonios existen y son extremadamente poderosos, Satanás es el príncipe de este mundo. **(Job 1:6) (S. Juan 16:11)** *y como él ya ha sido juzgado, sabiendo que le queda poco tiempo, engaña a cuanta alma sea posible, usando tentaciones mundanas, para caer en su trampa, que nos lleva a caer en cualquier cosa que Dios aborrece o abomina, para no agradarle a Dios, y mantenernos activamente ocupados en obras carnales, para opacar la gloria de Dios.*

Bienaventurado el varón que soporta la tentación, porque cuando haya resistido a la prueba, recibirá la corona de vida, que Dios ha prometido a los que le aman.

Santiago 1:12

Todas las obras carnales son deseos y pasiones de la carne que todo ser humano tiene, pero ya sabemos que la intención de la carne es para muerte. **(Romanos 8:6).** *El que soportare la tentación y haya resistido la prueba ese obtendrá la corona de vida.*

¿Cómo combatir las obras de la carne?

Viviendo por el espíritu.

El ocuparse de la carne es muerte, pero el ocuparse del espíritu es vida.

Romanos 8:6

Digo pues: Andad en el espíritu y no satisfagáis los deseos de la carne.

Gálatas 5:16

EL FRUTO DEL ESPÍRITU

El fruto del espíritu es el carácter de Cristo producido en nosotros, para que podamos demostrarle al mundo como Él es.

El fruto del espíritu se compone de varias cualidades del carácter de Cristo, pero es un fruto no puede ser separado, es una sola cosa. Puede resumirse en la palabra Amor.

El fruto es el carácter de Cristo: su amor, su gozo, su paz, su paciencia, su benignidad, su bondad, su fe, su mansedumbre, su templanza.

Todas esas características van siendo reproducidas en uno mismo a medida que nos vamos sometiendo a la guía del Espíritu Santo. Pero nos sometemos por amor, no por obligación (enorme diferencia).

Primeramente ¿qué es un fruto?

Un fruto es el resultado o producto de lo que contiene una semilla, es decir lo que produce.

134

Si plantas una semilla de maíz... ¿Qué cosecharas?
Si plantas una flor... ¿qué crecerá?

Así mismo nosotros producimos fruto de lo que nuestra semilla tiene.
- *Fruto malo o fruto bueno*
- *Fruto carnal o fruto espiritual*
- *Fruto para muerte o fruto para vida.*

Si nuestro corazón ama las cosas del mundo, nuestro fruto va a ser carnal. Pero si nuestro corazón ama las cosas de Dios, nuestro fruto va a ser espiritual.

Así que el fruto del espíritu es el resultado de lo que procede en nuestro corazón, es la consecuencia del amor a Cristo.

De acuerdo con las Escrituras el fruto del espíritu solo lo obtienen los que realmente aman y buscan a Dios, los que tienen plantada la semilla de Jesucristo en sus corazones, y han confesado vivir para Cristo. Los que aman a Dios son los que hacen su voluntad, y se alejan del pecado, de toda obra carnal por amor a él.

Los que son de Cristo han crucificado la carne con sus pasiones y deseos.

Gálatas 5:24

El fruto del espíritu no se da solito, es la consecuencia del verdadero arrepentimiento.

En una de las parábolas de Jesucristo "la parábola del sembrador" **(S. Mateo 13:1-9) (S. Mateo 13:18),** *nos enseña mucho al respecto. Jesús nos pone el ejemplo de un sembrador.*

Analicemos.

¿Cómo un agricultor hace su obra para recibir una buena cosecha y de buen fruto? El primer trabajo que hace un agricultor para recibir buena cosecha y recibir buen fruto es preparar la tierra antes de sembrar la semilla.

De acuerdo con la palabra de Dios la semilla es la palabra de Dios. Si la semilla es la palabra de Dios... ¿en dónde se sembrara la semilla? En nuestro corazón, la tierra (el corazón).

El problema con el corazón es, la falta de conocimiento, la ignorancia de las Escrituras.

Mi pueblo fue destruido porque le falto conocimiento.

Oseas 4:6

Erráis ignorando las Escrituras y el poder de Dios.

Mateo 22:29

Necesitamos conocimiento de las Escrituras, para conocer más a Dios y poder recibir el fruto del Espíritu, que fue la promesa de la cual Jesucristo dijo a todos los sus discípulos que iban a recibir todos los que estén en Cristo y se hayan arrepentido de su pecado, (la promesa del Espíritu Santo). Y esto solo es con la ayuda de Dios y con un corazón sincero.

Una vida Cristiana sin cambio es una vida Cristiana sin fruto. El verdadero Cristiano desarrolla el fruto del espíritu otorgado por Dios, uno mismo No lo puede desarrollar solo.

El fruto del espíritu es: amor, gozo, paz, paciencia, benignidad, bondad, fe, mansedumbre, templanza. **(Gálatas 5)**
Amor:
El amor es un don de Dios, es parte de la esencia de Dios mismo, es un atributo de Dios.
El verdadero amor es totalmente diferente a como el mundo lo define, pero la palabra de Dios, nos da muchos ejemplos del verdadero amor. De acuerdo con las Escrituras y las enseñanzas de Jesucristo, el amor es sufrido, el amor no tiene envidia, no hace nada malo, no se irrita. Ver **(1 Corintios 13:14).**
Después de la traición de Adán y Eva, al pasar los años, el ser humano ha perdido el significado real de lo que es amor, a causa del engaño de Satanás, el pecado, y el alejamiento y separación del hombre y Dios. La vida de Jesucristo aquí en la tierra, es el mayor ejemplo de lo que es el verdadero amor y a través de él, podemos entender en verdad que significa amar.

Jesucristo es el maestro del amor.

Jesucristo el dueño de toda la tierra y de todas las almas, se rebajó, se humillo al venir aquí a la tierra, donde está llena de pecadores siendo el

Santo. Por amor. Los comportamientos y reacciones de Jesucristo aquí en la tierra, ante toda circunstancia, sacudieron la psicología humana. El verdadero amor tiene la habilidad, el poder, la determinación de amar a la gente tal y como es, la capacidad de amar a los enemigos y a la gente que no le caemos bien.

Pero yo os digo: Amad a vuestros enemigos, bendecid a los que os maldicen, haced bien a los que os aborrecen, y orad por los que os ultrajan y os persiguen.

S. Mateo 5:44

¿Amas a tus enemigos? Un enemigo es quien te desea el mal, hay infinidad de actitudes de un enemigo, falta de cordialidad, corazón malvado hacia ti etc.

El amor al enemigo es ser cordial, amable, respetuoso, es la habilidad del buen trato, a pesar de las groserías, menosprecios, falta de respeto, y humillaciones que este te haga.

El verdadero amor es un principio divino, de pensamientos y de acciones que modifica el carácter, gobierna los impulsos, es el tipo de amor más elevado, ya que se aplica a pesar de cómo nos sintamos.

Ejemplos de comportamiento del verdadero amor.

- *Cuando es humillado, oprimido, calumniado, el verdadero amor es: paciente y tranquilo.*
- *A pesar del mal trato de los demás, el verdadero amor: anhela hacer el bien es gentil y cortes.*
- *Se complace en las virtudes y logros de otros.*
- *Oculta y calla las faltas de otros, que el egoísmo del corazón natural expondría alegremente.*
- *Interpreta la conducta ajena de la mejor manera posible*
- *Soporta serenamente todas las dificultades, pruebas.*
- *No pregona sus propios logros, no trata de ensalzarse*
- *No es jactancioso*
- *El verdadero amor nunca es descortés, rudo o tosco.*
- *Nunca hace nada que pueda herir la sensibilidad, o sentimientos ajenos.*

- *Pone el "yo" en el último lugar, está dispuesto a sacrificar su comodidad, su tiempo, su tranquilidad.*
- *No toma en cuenta el mal que se le hace, ni le echa la culpa a otro.*
- *No se regocija con los defectos o fracasos de otros.*

Amados, amémonos unos a otros; porque el amor es de Dios, todo aquel que ama, es nacido de Dios, y conoce a Dios.

1 Juan 4:7

El verdadero amor primeramente es nacido hacia Dios, tú reconoces en tu corazón que Dios te ama, y nacido hacia Dios automáticamente nace hacia el prójimo. (**S. Mateo 22:39**)

Si tú no amas a Dios, tú no puedes experimentar el verdadero amor.

Amaras al Señor tu Dios con todo tu corazón y con toda tu alma y con toda tu mente.

S. Mateo 22:37

Porque el verdadero amor, es nacido por el amor que tú le tienes a Dios, y tu amas a Dios porque él te amo primero, y le conociste.
¿Y cómo se si lo conozco? ¿Estás haciendo su voluntad?

Y en esto sabemos que nosotros le conocemos, si guardamos sus mandamientos.
El que dice: Yo le conozco, y no guarda sus mandamientos, el tal es mentiroso, y la verdad no está en él.

1 Juan 2:3-4

Es tan importante esta cualidad que si no la poseemos, todo lo que hagamos es en vano. (**1 Corintios 13:1-4**).

En esto hemos conocido el amor, en que él puso su vida por nosotros; también nosotros debemos poner nuestra vida por los hermanos.

1 Juan 3:16

Sin esta cualidad no puede fluir el resto del fruto del espíritu.

En esto se ha perfeccionado el amor en nosotros, para que tengamos confianza en el día del juicio; pues como él es, así somos nosotros en este mundo.

1 Juan 4:17

¿Cómo esperamos recibir el fruto del espíritu, cuando no cumplimos con el primer y más importante mandamiento?

Gozo:
El mundo confunde el gozo con la felicidad. El mundo piensa que las cosas del mundo nos dan la felicidad, entre más cosas tengamos más gozos estaremos. El gozo falso es la pretensión es la máscara de estar contento, el mundo se sorprende de ver a alguien gozoso, cuando este no tiene ninguna (cosas del mundo) razón para estar feliz. El mundo si no ve que una persona es prospera (basada en su propio conocimiento) entonces el mundo piensa que esa persona no tiene el derecho de estar regocijado, y lo llegan a catalogar como conformista...

El ser humano desde el momento que nace, día con día va aprendiendo cosas, pero, ¿Qué pasa cuando a través de los años se ha perdido el verdadero valor y significado de las cosa? Causado por la separación de Dios hacia el hombre a consecuencia del pecado. El propio mundo ha contaminado la mente de los seres humanos, y por esta razón el ser humano crea o inventa su propia definición de las cosas basándose en su conocimiento, que proviene del mundo, de lo que ha aprendido en su vida.
El verdadero significado de las cosas lo encontramos en la Biblia, y ahí encontramos el verdadero significado de lo que realmente es gozo.

El gozo es el sentimiento de una profunda alegría, satisfacción, regocijo constante que a pesar de cualquier circunstancia, prueba, tribulación, en la que estemos atravesando. Gozo: la emoción, regocijo provocado por la contemplación de lo bueno.
El gozo no depende las circunstancias externas, si no de la fe y la comunión con Dios. El gozo proviene de Dios, de hacer su voluntad, el gozo es el fruto de la presencia de Dios en tu vida.
Si nosotros cumplimos con el mandamiento más importante amaras a tu Dios con todo tu corazón y con toda tu mente y con toda tu alma, día y noche" el gozo de Dios será tu fuerza, y esa fuerza te hará experimentar el gozo.

Ahora basándonos en las Escrituras, el gozo no se experimenta por lo que seamos o tengamos aquí en la tierra. El gozo es mucho más profundo que todo lo externo.

El gozo es el fruto de tu relación con Dios, el gozo se origina en el interior de la persona y se refleja exteriormente. El gozo falso es aleves se origina exteriormente es decir entre más cosas que el mundo le da valor, tengamos, o más importantes seamos, mas llenamos nuestro interior (el corazón). El verdadero gozo proviene de nuestra relación con Dios, Dios es nuestro fundamento de nuestro gozo, teniendo infinidad de razones para tener gozo como:

- *El reconocer que Dios existe.*
- *Que Jesucristo vino a salvarnos.*
- *Que Dios te concedió el arrepentimiento.*
- *Que eres hijo de Dios.*
- *Que trabajas para Dios y no para el mundo, siervos de Dios.*
- *El escuchar la palabra de Dios.*
- *La libertad en Cristo.*
- *El gozo de otras personas (creyentes)*
- *El saber que eres salvo.*
- *El saber que tu nombre está en el libro de la vida.*
- *El galardón celestial.*
- *Que conocerás a Dios.*
- *La venida de Cristo.*

Estas y muchas razones más son las que nos hacen estar llenos de gozo y regocijarnos en todo momento, el experimentar este gozo no tiene ninguna relación con las cosas que poseemos o la profesión que tengamos, o la cantidad de dinero o amigos que tengamos.

El verdadero gozo no tiene nada que ver con esas cosas, no depende de las circunstancias externas, si no de la fe y la comunión con Dios. La obediencia es la clave para tener una vida de gozo, cuando el Espíritu Santo habita en el alma, este tiene gozo de estar en comunión con Dios.

Paz:
Es un estado de tranquilidad o quietud, es una vida sin conflictos dentro del corazón del hombre. La base fundamental para tener paz en nuestra vida

es la seguridad de que Dios nunca nos abandonara, esa seguridad proviene del hacer la voluntad de Dios.

La paz es parte del fruto espiritual, es el fruto del verdadero arrepentimiento, cuando uno hace la voluntad de Dios y obedece sus mandamientos por amor, es evidente de que hubo un verdadero arrepentimiento.

En el antiguo testamento vemos cuando Dios reprende al pueblo de Israel por su infidelidad y ahí podemos ver cuál fue la razón principal por la cual el pueblo de Israel no tenía paz.

¡Oh si hubieras atendido a mis mandamientos fuera tu paz como un rio y tu justicia como las ondas del mar.

Isaías 48:18

La paz es la consecuencia de nuestra obediencia a Dios, es parte del fruto; por lo consiguiente el que rehúsa hacer la voluntad de Dios o a obedecer sus mandamientos o enseñanzas, es imposible que esa persona tenga paz en su corazón.

No hay paz para los malos, dijo Jehová

Isaías 48:22

Nosotros mismos no podemos producir paz, sino que es el Espíritu Santo el que la produce en nosotros.

Palabras de Jesucristo

La paz os dejo, mi paz os doy; yo no os la doy como el mundo la da.

S. Juan 14:27

La paz de Jesucristo es una bendición muy valiosa en la vida, pero nunca disfrutaremos la paz si no nos adaptamos o ajustamos a la voluntad de Dios, y sin la paz en el corazón, estamos expuestos a la ansiedad, frustración, actitudes rígidas, egoísmo, envidias, celos, etc......que conllevan a pleitos y guerras. **(Isaías 57:2)**

El término "paz" viene del griego "eirene" y del hebreo "shalon" que tiene que ver desde la perspectiva teológica con la quietud del alma.

La paz no es la libertad de la necesidades, o del dolor físico, la paz es un descansar en Dios en medio de las más grandes adversidades. La paz que ofrece el mundo es totalmente el contraste a la paz de Dios.

La paz de Dios protege al creyente de todas las dificultades mentales, causada por las decisiones de la vida, y de las actitudes de los demás. El Experimentar esta paz es vivir una vida sana y sin conflictos mentales, podemos decir que la paz de Dios es un cuidado de salud para todos sus hijos.

Y la paz de Dios, que sobrepasa todo entendimiento, guardara vuestros corazones y vuestros pensamientos en Cristo Jesús.

Filipenses 4:7

Paciencia:

En la Biblia la palabra paciencia, se menciona en varias ocasiones, y en los escritos originales de la Biblia encontramos dos palabras del griego que al traducirlas al castellano, se tradujeron como paciencia.

"makrothumia"   y   "hupomonee"

Makrotumos viene de dos palabras: Makros + thumos

Makros = largo
Thumos = temperamento

Makrothumia literalmente significa:
"de temperamento largo"

Hupomonee significa resistencia, firmeza, estas 2 traducciones nos amplían un poco más el concepto. La paciencia es la capacidad de SOPORTAR sin quejas, la capacidad de soportar con FIRMEZA las cosas que no nos gustan.

Paciencia es la capacidad de no enojarte o desesperarte tan fácilmente, es ser tardo en airarse, que soportas lo que no te gusta, y te tardas en caer en el enojo. La persona que tiene esta capacidad es fuerte y firme porque soporta.

La paciencia es muy importante, cuando uno no es paciente, se derivan muchos comportamientos que afectan tanto a uno mismo como a los demás.

La paciencia se debe aplicar tanto con las personas, como en circunstancias y problemas de la vida como:

*Personas:
- *Los niños que la mayor parte del tiempo están chacoteando.*
- *con los viejitos que son lentos o no escuchan y a veces desesperan.*
- *los comportamientos de personas intransigentes, egoístas, groseros etc…*

*Circunstancias de la vida del diario vivir:
- *Cuando el semáforo se pone en verde, y el de adelante no avanza.*
- *Cuando tenemos una cita y llevamos minutos u horas esperando.*

* Los problemas de la vida:
- *La pérdida de un trabajo.*
- *Una enfermedad.*
- *Cuando no nos devuelven lo que prestamos.*
- *Pobreza*

* La espera de algo:
- *Un embarazo.*
- *Una noticia.*
- *Un pago.*
- *Un viaje.*
- *Unas vacaciones.*

La paciencia es la capacidad de soportar todas estas cosas y muchas otras más, con una buena actitud, sin reproches ni quejas, ni enojos. La persona que No tiene la capacidad de ser paciente puede ser, desesperado, grosero e hiriente con las personas, soberbio ante las circunstancias, o incapaz de resolver los problemas con una sana actitud; por ejemplo: el semáforo se pone en verde y no han pasado ni 2 segundos y este ya está tocando el claxon o rebasándolo, y o haciendo señas con los dedos o gritando groserías, fúrico, trinando, sulfurado etc., tomando una actitud de arrogancia y superioridad, y el otro ni lo escucho, ni lo vio y está todo relajado y tranquilo, y solo dejan al descubierto su corazón y la falta de conocimiento hacia la palabra de Dios.

Como seres humanos no tenemos la capacidad para ser tan pacientes, la paciencia proviene de Dios, la paciencia es el fruto, el resultado del crecimiento espiritual, la paciencia es parte del carácter de Dios, él es la fuente de la paciencia para nosotros.

Hermanos míos tened por sumo gozo cuando os halléis en diversas pruebas, sabiendo, que la prueba de vuestra fe produce paciencia.

Santiago 1:2-3

"la prueba de vuestra fe" produce paciencia. Y esa prueba la tenemos por gozo, porque "la prueba de vuestra fe" podría referirse a la fe que está a la altura de la prueba, por eso es que Dios dice: tenla por sumo gozo, porque Dios te tiene en la mira.

La paciencia para los cristianos no es opcional si no esencial para heredar las promesas de Dios.

Porque la paciencia os es necesaria para que habiendo hecho la voluntad de Dios obtengáis la promesa.

Hebreos 10:36

Aguarda a Jehová; Esfuérzate, y aliéntese tu corazón; Si espera a Jehová.

Salmos 27:14

Como cristianos creemos que todas las promesas de Dios se cumplirán pero creemos por fe, sabiendo que esa fe produce paciencia y que esa paciencia os es necesaria para soportar la espera de todas sus promesas.

Pero los que esperan en Jehová tendrán nuevas fuerzas; levantaran alas como las águilas, y correrán y no se cansaran, caminaran y no se fatigaran.

Isaías 40:31

Todos quisiéramos ver esas promesas de Dios, pero la realidad es que solo pocos recibirán el galardón. El Cristianismo es como una carrera donde sabes que tienes que llegar a la meta pero te vas a encontrar con muchas barreras y solo haciendo la voluntad de Dios recibiremos ese galardón.

......**despojémonos de todo peso y de todo pecado que nos asedia, y corramos con paciencia la carrera que tenemos por delante, puestos los ojos en Jesús......**

Hebreos 12:1-2

"despojémonos de todo peso y de todo pecado", El saber posponer el placer inmediato, en favor de un beneficio de largo plazo. Paciencia capacidad de soportar lo que no nos gusta.

Aquí está la paciencia de los santos, los que guardan los mandamientos de Dios y la fe de Jesús.

Apocalipsis 14:12

Palabras de Jesucristo

Por cuanto has guardado la palabra de mi paciencia, yo también te guardare de la hora de la prueba que ha de venir sobre el mundo entero, para probar a los que moran sobre la tierra.

He aquí, yo vengo pronto; reten lo que tienes, para que ninguno quite tu corona.

Apocalipsis 3:10-11

El libro de Job es un buen ejemplo de la paciencia.
He aquí tenemos por bienaventurados a los que sufren, habéis oído la paciencia de Job.

Santiago 5:11

Pero el más grande ejemplo de paciencia es Jesucristo, su paciencia aquí en la tierra, su paciencia en la cruz, etc.

Benignidad:
La palabra benignidad se traduce de la palabra griega 'chrestotes' que significa excelencia moral en el sentido de conducta, amabilidad, gentileza, gallardía, integridad, ternura, al trato con los demás, es sencillez.
La benignidad no solo es una cualidad, si no expresa una acción, este fruto, se hace evidente en la vida del verdadero cristiano, demostrando

excelencia en su conducta, exteriorizando amabilidad, gentileza e integridad para con todos, sin hacer distinciones, ni agresividades. El ser benigno es un trato hacia los demás con amabilidad y ternura, es la inclinación a hacer el bien y a pensar bien.

Cristo es nuestro modelo y fuente de la benignidad. Benignidad es amabilidad, todo lo contrario a la dureza, como hijos de Dios, nos moldea y nos pide que seamos perfectos, como él lo es.
Palabras de Jesucristo.

Sed, pues, vosotros perfectos, como vuestro Padre que está en los cielos es perfecto.

S. Mateo 5:48

O menosprecias las riquezas de su benignidad paciencia y longanimidad ignorando que su benignidad te guía al arrepentimiento.

Romanos 8:4

La benignidad de Dios, la podemos ver en la naturaleza, aun para los ingratos y malos esta.

Amad, pues, a nuestros enemigos, y haced bien, y prestad, no esperando de ello nada; y será vuestro galardón grande, y series hijos del Altísimo; porque él es benigno para con los ingratos y malos.

S. Lucas 6:35

La benignidad es la dulzura del temperamento que pone cómodos a los demás. Esta cualidad para el que la posee es un adorno, que refleja la forma en que Dios nos ha tratado a pesar de ser pecadores. Al igual que las demás características del fruto del espíritu, es un fruto la consecuencia de la relación con Dios.

Antes sed benignos unos con otros, misericordiosos, perdonándoos unos a otros como Dios también os perdono a vosotros.

Efesios 4:32

Bondad:
Es una cualidad moral, es hacer el bien a otra persona, no necesariamente por medios tan tiernos, por ejemplo: Un borracho, cuando lo reprendemos somos buenos, porque lo hacemos para un beneficio para él.

Bondad viene de la palabra griega 'agathos' es aquello que siendo bueno en su carácter es beneficioso en su efecto.

Bondad es dar, compartir, para aquellos que lo reciben, el efecto es beneficioso. Bondad es una actitud de ayuda hacia otras personas, sin hipocresías, ni vanagloria, ni ningún interés; denota una actitud de beneficiar a la persona necesitada.
Palabras de Jesucristo

Mas bienaventurado es dar que recibir.

Hechos 20:35

Como en todos los demás cualidades del fruto del espíritu, el mayor ejemplo es Dios. Su bondad la podemos ver en la creación, el sol, la luna, y toda la naturaleza es un beneficio para el ser humano, la creación del hombre: como seres humanos podemos ver, tocar, sentir, escuchar, todo eso es un beneficio para nosotros. La creación de los animales: que de ellos tenemos alimento, carne, huevo, leche, quesos y más, todo eso es un beneficio para nosotros. La salvación que nos ofrece Dios el vivir por la eternidad con él es un beneficio incomparable.

Bondad es ayudar para que el prójimo se beneficie, es dar, no necesariamente dinero, puede ser tiempo, información importante de ayuda para el otro, compartir conocimiento, dar alimento a otro, la bondad se expresa de muchas formas, y es parte del fruto del espíritu, es la consecuencia de una relación ya existente con Dios.

Por tu bondad oh Jehová.

Salmos 25:7

Fe:
Muchas personas consideran la fe como un misterio, otros piensan que no existe, y muchos no la comprenden, aun entre los creyentes muchos no saben cómo ejercerla.

¿Qué es fe?, ¿de dónde viene la fe?, ¿cómo tener fe?, ¿para qué es la fe?... La palabra de Dios nos da la respuesta. Fe es:

Es pues la fe la certeza de lo que se espera la convicción de lo que no se ve.

Hebreos 11:1

Fe es la convicción, es decir la seguridad, la confianza, la creencia, de use se va a cumplir lo que se espera, 'la fe no es ver, es creer"

No temas cree solamente.

S. Marcos 5:36

La Biblia revela que Jesús es el autor y consumador de la fe (**Hebreos 12:2**)

La verdadera fe es fundamentada en la palabra de Dios.
La fe como parte del fruto del espíritu:
"la convicción de lo que se espera"
Como cristianos estamos esperando todas las promesas de Dios, por mencionar solo algunas:
- *La segunda venida de Cristo*
- *La tierra prometida*
- *El galardón*
- *Ver a Dios cara a cara*

Son cosas o eventos que No podemos ver aun, pero tenemos la certeza, la seguridad sin dudar tantito de que realmente sucederá. Eso es Fe.
¿De dónde proviene esa seguridad?

La fe es por el oír, y el oír por la palabra de Dios.

Romanos 10:17

La fe es parte del fruto del espíritu proviene de Dios, de hacer su voluntad.

Sin fe es imposible agradar a Dios.

Hebreos 11:6

Y la fe sin obras es muerta.

Porque como el cuerpo sin espíritu está muerto, así también la fe sin obras está muerta.

Santiago 2:26

¿De que aprovechara, si alguno dice que tiene fe, y no tiene obras? ¿Podrá la fe salvarle? = **Santiago 2:14-26**

¿No fue justificado por las obras Abraham nuestro padre, cuando ofreció a su hijo Isaac sobre el altar?

¿No ves que la Fe actuó juntamente con sus obras, y que la fe perfecciono por las obras?

Y se cumplió la Escritura que dice: Abraham creyó a Dios, y le fue contado por justicia

La fe verdadera lleva obras consigo misma, y la fe obra por el amor. **(Gálatas 5:5)**

- **Por la fe Noé, cuando fue advertido por Dios acerca de cosas que aún no se veían, con temor preparo el arca en que su casa se salvase, y por esa fe condeno al mundo, y fue hecho heredero de la justicia que viene por la fe.**

  Hebreos 11:7

- **Por la fe Abraham, siendo llamado, obedeció para salir al lugar que había de recibir como herencia; y salió sin saber a dónde iba.**

  Hebreos 11:8-9

- **Por la fe Moisés, hecho ya grande, rehusó llamarse hijo de la hija de Faraón, escogiendo antes ser maltratado con el pueblo de Dios, que gozar de los deleites temporales del pecado.**

  Hebreos 11:24-25

Vosotros veis, pues, que el hombre es justificado por las obras, y no solamente por la fe.

Santiago 2:24

La fe verdadera proviene de Dios, aquel que la posee es don de Dios, no de uno mismo.

La fe comienza por el oír, el oír la palabra de Dios **(Romanos 10:17)**

Pero sed hacedores de la palabra, y tan solamente oidores, engañándoos a vosotros mismos.

Santiago 1:22-23

Añadid a vuestra fe virtud, a la virtud, conocimiento, al conocimiento, dominio propio, al dominio propio paciencia, a la paciencia piedad, y a la piedad, afecto fraternal, y al afecto fraternal, amor.

2 Pedro 1:5

Pero el que no tiene estas cosas tiene la vista muy corta; es ciego habiendo olvidado la purificación de sus antiguos pecados.

2 Pedro 1:9

La fe implica obediencia, lo vimos en Noé: cuando Jehová le dio indicaciones para que construyera el arca y Noé hizo conforme a todo lo que le mando Jehová. **(Génesis 6:14)**

En Abraham: cuando Jehová le dijo: vete de tu tierra y de tu parentela y de la casa de tu padre, y se fue Abraham como Jehová le dijo. **(Génesis 12:1-4).**

Fe basada en la confianza y palabra de Dios.

La fe, no solo es necesaria, si no primordial en la vida del creyente que desea agradar con su vida a Dios.

La fe del mundo, la fe muerta, la fe que no proviene de Dios, es la fe que no da fruto, porque el afán de la vida la ahoga.

Características de la fe verdadera:

- *Proviene de Dios* **(Efesios 2:8)**
- *Es por el oír su palabra* **(Romanos 10:17)**
- *Nunca hay dead* **(Santiago 1:6)**
- *Produce gozo* **(1 Pedro 1:8)**
- *Produce paz* **(Romanos 15:13)**
- *Es solo para creyentes de Dios* **(Juan 10:26)**
- *Es probada*
- *Da fruto* **(Mateo 13:23)**

Solamente existe una fe, la fe verdadera, la fe de Jesucristo.

Jesús el autor y consumador de la fe.

Hebreos 12:2

Mansedumbre:
Del griego 'prautes' es fuerza bajo control o dominio bajo control, no es cobardía, ni debilidad, sino todo lo contrario, hay fuerza pero esa fuerza está bajo control y dominio propio. Se desarrolla en nuestra vida cuando somos controlados por el Espíritu Santo. El ser manso quiere decir tener el poder siempre bajo control.
No es falta de carácter, es ser fuerte pero también humilde y sereno.

Lo que es mansedumbre:

- *Espíritu manso*
- *Carácter suave*
- *Hay justicia, gozo, y paz*
- *No busca lo suyo*
- *Sufre cuando el otro sufre*
- *No es respondón*
- *Se adapta a las circunstancias*
- *Acepta los planes de Dios, sin quejas*
- *Es pronto para perdonar*
- *Agradece a sus hijos cuando les ayudan*
- *Es afable y flexible*
- *Es hermana de la benignidad*
- *Es servicial*
- *Reconoce que puede estar equivocado*
- *No se adelanta en supermercados, bancos a empujones o por astucia.*
- *Acepta la voluntad de Dios porque sabe que el elije lo mejor*
- *Comprende*
- *No es ventajoso, ni aprovechado*
- *No abusa de los demás*
- *Nunca se siente superior a los demás.*

Lo contrario a mansedumbre:

- *Orgullo*
- *Altivez*
- *Egoísmo*

- *Arrogancia*
- *Egocentrismo*
- *Presumido*
- *Se cree único y superior a los demás*
- *Es respondón*
- *Se cree importante*
- *Le cuesta perdonar*
- *Cree saberlo todo*
- *Charlatan etc.*

La mansedumbre en el hogar, a la mujer Dios le dice sumisión, al hombre le dice amor, cumpla con lo suyo y Dios hará el resto.

Como en el resto del fruto solo Dios lo puede dar y él es el mayor ejemplo de manso Jesucristo.

Como cristianos es básico y esencial, pues el manso acepta las instrucciones de Dios y las aplica.

Por lo cual, desechando toda inmundicia y abundancia de malicia, recibid con mansedumbre la palabra implantada, la cual puede salvar vuestras almas.

Santiago 1:21

Templanza:

Es aquella que modera la atracción de los placeres, es dominio propio, le asegura el dominio de la voluntad sobre los instintos, y mantiene los deseos de la carne bajo control.

La templanza es la habilidad de controlar y equilibrar los pensamientos, la voluntad, y los sentimientos. La templanza es esencial para el creyente, la falta de esta parte del fruto, es la destrucción de nuestras vidas, ya que la templanza es la que modera todos los deseos carnales.

Como ciudad derivate y sin muro, es el hombre cuyo espíritu no tiene rienda.

Proverbios 25:28

Pero los que están en Cristo desarrollan la templanza.

Porque no nos ha dado Dios espíritu de cobardía, sino de poder, de amor y de dominio propio.

2 Timoteo 1:7

Misericordia:

La misericordia es el aspecto compasivo del amor, virtud que inclina a comprender, perdonar o solucionar cualquier circunstancia ajena. Es una actitud bondadosa hacia alguien que tenga una necesidad, es comprender la circunstancia ajena y tener el corazón inclinado hacia la ayuda del necesitado, no importa si la persona es un desconocido o alguien que conocemos.

Como en todo el mayor ejemplo es Dios. La misericordia de Dios, la podemos ver todos los días, como seres humanos necesitamos infinidad de cosas para poder vivir en el planeta tierra; como: comida, luz, calor, agua etc... Todas estas cosas Dios nos las provee a todos, a pesar del pecado, creas en Dios o no creas, él lo hace, porque él es misericordioso, el aire, el agua, el sol nos lo da todos los días, simplemente sin estas tres cosas el ser humano no podría vivir.

De la misericordia de Dios está toda la tierra.

Salmos 33:5

La misericordia de Dios la podemos ver también, en la cruz, nosotros como seres humanos enfermos y contaminados del pecado somos los necesitados, ya que la paga del pecado es muerte. ¿Cómo evitarlo? La misericordia es una actitud bondadosa hacia alguien que tenga una necesidad. Dios por su misericordia y amor tan grande es quien entrego a su Hijo a la muerte, en nuestro lugar, por nosotros para ayudarnos era la única manera de poder salvarnos. **(Efesios 2:4-5) (Tito 3:5-6)**

De acuerdo con las enseñanzas de Jesucristo, el creyente debe ser misericordioso con todo aquel que nos rodea.

Misericordia y verdad no te desamparen, atalas a tu cuello, escríbelas en la tabla de tu Corazón.

Proverbios 3:3

Así hablo Jehová de los ejércitos diciendo; juzgad juicio verdadero y haced misericordia y piedad cada cual con su hermano.

Zacarías 7:9

La misericordia en la vida del cristiano es esencial pues es parte de las enseñanzas y mandatos de Dios. La misericordia como parte del fruto espiritual fluye por el amor y relación que el verdadero creyente tiene con Dios.

Palabras de Jesucristo

Id pues y aprended lo que significa misericordia quiero, y no sacrificio, porque no he venido a llamar a justos si no a pecadores al arrepentimiento.

S. Mateo 9:13

Mas si supieses que es misericordia quiero y no sacrificio; no condenarías a los inocentes.

S. Mateo 12:7

Estas palabras las dijo en varias ocasiones. "misericordia quiero mas no sacrificio" en S. Mateo 9:13 dice:

"id pues y aprended"

En los caminos de la vida es donde aprendemos, veamos estos ejemplos para comprender a que se refiere "misericordia quiero no sacrificio"

Ejemplo 1:

Tú le prestas dinero a un compañero del trabajo, él te dice que te pagara en cuanto le paguen (dos semanas), pasa un mes y tu compañero se sale de trabajar de tu empresa, tú lo sigues frecuentando, pasa 1 mes 2 meses 3 meses, y no te paga. Tú lo ves tranquilo, que haces??? Pasan 6 meses, de plano tu sacas el tema a conversación, y él te dice - no tengo aun, pero te pago en cuanto lo tenga - un día saliendo de tu trabajo, te lo encuentras en una esquina hablando de la palabra, al día siguiente, lo ves tranquilo, sano con dos ojos, dos piernas, dos manos, normal, feliz y comiendo una paleta... Tu qué haces???

Como seres humanos lo primero que nos pasaría por la mente es:

- *¿Porque no trabaja?*
- *Me debe dinero y le vale*
- *Miralo bien tranquilo y yo que*
- *Velo feliz de la vida ¿y lo que me debe?*
- *Olgazan*
- *Conformista*

- *Debería trabajar, tiene ojos, piernas......*
- *Que trabaje, si quiere ser mediocre pues que lo sea, pero que trabaje para que me pague*
- *Que venda algo para que me pague*
- *Que sacrifique lo que sea, pero que me pague*

"misericordia quiero no sacrificio"

Misericordia es compadecerse, perdonar, cualquier circunstancia ajena. En este caso es perdonar, compadecerse del compañero que nos debe, tener misericordia de él, (perdonar su deuda)

Pero si no tenemos misericordia de el: lo que queremos es verlo que haga algo para que pague su deuda.

- *Que venda algo para que me pague*
- *Que trabaje más para que me pague*
- *Que haga lo que sea pero que me pague*

Sabemos que la actitud del compañero no es correcta, pero eso no es lo que importa, si no nuestro corazón, el ser misericordioso es, compadecerse, perdonar.

Mas si supieses que es misericordia quiero y no sacrificio no condenarías a los inocentes.

S. mateo 12:7

La clave para ser misericordiosos es pensar siempre bien de los demás.

¿No yerran los que piensan el mal?
Misericordia y verdad alcanzarán los que piensan el bien.

Proverbios 14:22

Nosotros no somos nadie para juzgar a los demás y a veces, no sabemos por la situación en la que el otro está pasando, y de todas maneras Dios dice paga bien por mal.

Ejemplo 2:
El mismo ejemplo anterior, pero ahora invierte los papeles, tu eres al que le prestaron el dinero; de igual manera ante todo misericordia.

El impío toma prestado y no paga, mas el justo tiene misericordia y da.
Salmos 37:21

Como creyentes hay que pagar lo que se debe, y si no hay posibilidad, la Biblia revela que uno se tiene que ir a humillar y arreglarte con el que te presto; mejor es tener misericordia por la persona que te presto y pagarle, a que esa persona se sacrifique a perdonarte la deuda.' misericordia quiero no sacrificio'. En cualquier circunstancia de la vida, si estas en Cristo lo mejor es obrar de la manera que Jesucristo lo hizo, es ahí donde Dios ve tu lucha y tu amor hacia él, haciendo su voluntad.' misericordia quiero no sacrificio'

La misericordia se puede expresar en actos visibles como: dando alimento, techo, ropa, dar a los necesitados, es una obra de misericordia, otra forma de expresar la misericordia es donde no tiene que ver lo material como: enseñar a quien no tiene acceso a la educación, consolar a una persona afligida, perdonar las equivocaciones ajenas, compartir conocimiento, compartir información valiosa de ayuda para los demás.

Peca el que menosprecia a su prójimo, mas el que tiene misericordia, es bienaventurado.
Proverbios 14:21

La misericordia de Dios

Por la misericordia de Jehová no hemos sido consumidos, porque nunca decayeron sus misericordias.
Lamentaciones 3:22

La misericordia es parte del carácter de Dios, el hecho de perdonarnos el pecado es un acto compasivo del amor de Dios, al no ejecutar su justicia ya que la paga del pecado es muerte.
La voluntad de Dios es que seamos misericordiosos como él lo ha sido con nosotros.

Palabras de Jesucristo

¿No debías tú también tener misericordia de tu consiervo, como yo tuve misericordia de ti?
S. Mateo 18:33

Dios es y ha sido misericordioso con nosotras, sin embargo la Biblia revela que para todo aquel que rehúsa hacer la voluntad de Dios, o rechaza a Dios o menosprecia la ley, Dios no tendrá misericordia para con ellos.

Porque juicio sin misericordia se hará con aquel que no hiciere misericordia; y la misericordia triunfa sobre el juicio.

Santiago 2:13

El que sigue la justicia y la misericordia, hallara la vida, la justicia y la honra.

Proverbios 21:21

El fruto del espíritu es el resultado de la presencia del Espíritu Santo en la vida de un cristiano. La Biblia revela que cuando una persona cree y ama a Jesucristo recibe al Espíritu Santo **(Efesios 1:13-14)**

La vida Cristiana es una batalla entre la naturaleza del pecado, y el fruto del espíritu, como seres humanos, estamos atrapados en un cuerpo que desea las cosas pecaminosas **(Romanos 7:14)** *y como Cristianos tenemos al Espíritu Santo produciendo su fruto en nosotros, con su poder atacamos las obras del pecado.* **(Filipenses 4:13)**

Un cristiano nunca será perfecto en demostrar el fruto del espíritu, sin embargo es uno de los principales propósitos de la vida Cristiana.

Nadie puede tener el fruto del espíritu, si no ama y hace la voluntad de Dios, porque como pecadores, no podemos ser Buenos, aunque queramos o tratemos o... ¿te crees bueno?
- *Solo uno es bueno* **(S. Mateo 19:16-17)**
- *No hay quien haga el bien* **(Salmos 53:1)**
- *Si decimos que no tenemos pecado, nos engañamos a nosotros mismos.* **(1 Juan 1:8)**
- *No hay quien busque a Dios* **(Romanos 3:11)**.

LOS 10 MANDAMIENTOS

Si me amáis guardad mis mandamientos.

S. Juan 14:15

Más si quieres entrar en la vida, guarda los mandamientos.
S. Mateo 19:17

Los diez mandamientos, fueron revelados a Moisés por Dios en el Monte Horeb en Sinaí, para el pueblo de Israel. Los diez mandamientos fueron escritos sobre piedras grandes. **(Deuteronomio).**
El propósito de los mandamientos fue para que el pueblo de Israel, pusiera en práctica todos los mandamientos a fin de que temiesen a Dios y limitaran su maldad. **(Deuteronomio 6)**

El propósito de la Ley los diez mandamientos, va mucho más profundo, de lo que nos imaginamos, ya que la ley, no nada más fue escrita para aquella época, sino que también por la ley de Moisés, es donde podemos conocer en la actualidad la magnitud del pecado. La ley es una expresión pura del carácter de Dios.

La función de la ley es revelar el pecado como pecado y al pecador como pecador, la ley ha sido dada para acabar con la hipocresía del corazón humano, que constantemente se imagina que es perfecto.

.........Porque por medio de la ley es el conocimiento del pecado.
Romanos 3:20

El hecho de ser seres humanos somos pecadores, por esa razón, no podemos cumplir la ley al 100%; pero por la ley, reconocemos que somos pecadores y que necesitamos de un Salvador que apunta a Cristo. Porque escrito esta: no por obras series salvos.

Ya que por las obras de la ley ningún ser humano será justificado delante de él.
Romanos 3:20

El hombre es justificado por la fe sin las obras de la ley.
Romanos 3:20

Ver Gálatas 2:16

¿Luego por la fe invalidamos la ley?

En ninguna manera, sino que confirmamos la ley.
Romanos 3:31

El plan de salvación de Dios es perfecto, Dios mando a su Hijo Jesucristo para perdonarnos y salvarnos del pecado.
Ahora: sabemos que una persona es salva cuando se arrepiente sinceramente de sus pecados y acepta a Jesucristo como su Salvador.
Pero: ¿cómo iba ser posible arrepentirnos de nuestros pecados, si no fuese por la ley? Ya que por la ley es que podemos ver lo que es pecado.

Los diez mandamientos en el Antiguo Testamento, fueron escritos en piedras grandes; en el Nuevo Testamento la ley es Cristo, ya que no ha habido hombre alguno que pudiera cumplir los diez mandamientos, como Cristo lo hizo.

Palabras de Jesucristo

No penséis que he venido para abrogar la ley o los profetas; no he venido para abrogar, sino para cumplir.

S. Mateo 5:17

Abroga significa: suspender, dejar sin valor o anular una ley.

Los diez mandamientos son una clara expresión del carácter de Dios, manifestados en Cristo y revelados por el Espíritu Santo, demostrándonos una vez más que el Padre, el Hijo, y el Espíritu Santo, son uno, Dios.

Antiguo Pacto

Dios le dio a Moisés y a todo el pueblo de Israel sus estatutos y mandamientos, escritos y grabados en piedras. **(Deuteronomio),** *el pacto antiguo, para que obedeciesen conforme les había dicho, el Antiguo Testamento, es el Antiguo Pacto de Dios.*

La experiencia general del pueblo de Israel demuestra que es imposible para la humanidad obedecer las leyes de Dios, sin su Espíritu Santo; ellos habían sido instruidos y guiados por medio de siervos escogidos por Dios, su experiencia demuestra que el hombre no puede agradar a Dios con su mente carnal natural. **(Romanos 8:7)**

En estos tiempos ya no estamos bajo el pacto antiguo, (el Pacto que Dios hizo con Moisés).

Dios hizo un Nuevo Pacto con su pueblo; Al venir Jesucristo a la tierra para morir en la cruz por nuestros pecados: ya no estamos bajo la ley (el pacto antiguo).

Pues si por la ley fuese la justicia, entonces por demás murió Cristo.

Gálatas 2:21

El Nuevo Pacto

El Nuevo pacto de Dios es mucho más profundo, que el antiguo, como hemos visto:

- *Ya no estamos bajo el pacto antiguo, la ley, los diez mandamientos.*
- *No por esa razón, invalidamos la ley, los diez mandamientos, sino que por la ley, podemos ver nuestro pecado.* **(Romanos 3:31)**
- *Jesucristo vino a cumplir la ley, no a quitarla.* **(S. Mateo 5:17)**

En el antiguo pacto vemos que el pueblo de Israel siempre era dirigido por un líder, que Dios escogía conocidos como siervos de Dios, ellos se comunicaban con Dios por medio del Espíritu Santo, por ejemplo, lo vemos con Moisés: Dios le revela los diez mandamientos, y luego Moisés revela los diez mandamientos a todo el pueblo de Israel **(Deuteronomio 5)**

En el antiguo pacto, Dios le entrega a Moisés los diez mandamientos en tablas de piedras

Entonces Jehová dijo a Moisés: Sube a mí al monte, y espera allá, y te daré tablas de piedra, y la ley, y mandamientos que he escrito para ensenarles.

Éxodo 24:12

Pero ahora el Nuevo pacto de Dios, no lo escribió en piedras, y no se lo entrego a una sola persona.

Este es el Nuevo pacto de Dios, para todo su pueblo declarado antes de que Jesucristo viniera a salvarnos

Pero este es el pacto que hare con la casa de Israel después de aquellos días dice Jehová: Daré mi ley en su mente, y la escribiré en su corazón y yo seré a ellos por Dios y ellos me serán por pueblo.

Jeremías 31:33

Este es el pacto que hare con ellos después de aquellos días, dice el Señor: pondré mis leyes en sus corazones y en sus mentes las escribiré.

Hebreos 10:16

Por lo cual, este es el pacto que hare con la casa de Israel. Después de aquellos días, dice el Señor: pondré mis leyes en la mente de ellos, y sobre sus corazones la escribiré; Y seré a ellos por Dios y ellos me serán a mí por pueblo.

Hebreos 8:10

Siendo manifiesto que sois carta de Cristo, expedida por nosotros, escrita no con tinta, sino con el Espíritu Santo, no en tablas de piedra, si no en tablas de carne del corazón.

2 Corintios 3:3

El Nuevo pacto de Dios está escrito en el corazón y mente de todo aquel que ha aceptado y creído en el mensaje de Jesucristo, el mensaje de Jesucristo transforma, el mensaje de Jesucristo guia al arrepentimiento, y cuando surge el arrepentimiento ahí se empieza a tatuar la ley de Dios en el corazón y mente. (carne del corazón)

Palabras de Jesucristo

No he venido a llamar a justos si no a pecadores al arrepentimiento.

Lucas 5:32

El Nuevo pacto de Dios es la sangre de Jesucristo para el perdón de pecados.

Porque esto es mi sangre del Nuevo pacto, que por muchos es derramada para remisión de los pecados.

S. Mateo 26:28

Todo hijo de Dios tiene a Jesucristo, su mensaje y sus mandamientos en el corazón y en la mente.

Dios nos dejó su mensaje atravez de un libro la Biblia, donde encontramos su voluntad, sus estatutos, su carácter y nos expresa y revela, las cosas que han de suceder. Dios nos revela que va haber un juicio.

Primeramente, hay que comprender, que es un juicio.

¿Qué es un juicio?

Es un proceso por el cual se resuelve una falta ante un juez. Para que sea posible un juicio tiene que haber leyes establecidas; es decir, normas o reglas de conducta establecidas por una autoridad, para identificar la magnitud de la falta cometida. Un juicio permite distinguir entre el bien y el mal o entre lo verdadero y lo falso, basado en las leyes.

Un juicio se realiza en un tribunal; donde se aplica la justicia, se dictamina el castigo y se da el veredicto, es decir la decisión final por la falta cometida. La persona que cometió la falta, tiene derecho a un abogado para apelar.

Apelar: es pedirle al juez o tribunal que anule la sentencia, por considerarla injusta, para esto hay que probar porque es injusta.

Tribunal

La ley   Juez   Acusado   Abogado   Juicio

La Biblia nos revela que todos vamos a pasar por el tribunal de Dios, y nos revela tanto las leyes, como quien es el juez, el acusado, el abogado, cual es el juicio final.

Porque Dios traerá toda obra a juicio, el cual se hará sobre toda cosa oculta buena o mala.

Eclesiastés 12:14

De la manera que está establecido a los hombres que mueran una vez y después el juicio.

Hebreos 9:27

Pero tú, ¿porque juzgas a tu hermano? O tú también, ¿porque menosprecias a tu hermano? Porque todos compadeceremos ante el tribunal de Cristo.

Romanos 14:10

El tribunal de Dios

Nota: escribe tu nombre cada vez que aparezca Acusado.

La ley: **Los diez mandamientos, la palabra de Dios, el mensaje de Jesucristo, la Biblia.**

Falta cometida: Pecado

La paga del pecado es muerte.

Romanos 6:23

Juez: Dios, **Dios es la Autoridad**

Y los cielos declaran su justicia, porque Dios es el Juez.

Salmos 50:6

Porque Jehová es nuestro juez, Jehová es nuestro Rey; el mismo nos salvara.

Isaías 33:22

Llegará el estruendo hasta el fin de la tierra, porque Jehová tiene juicio contra las naciones; él es juez de toda carne; entregara los impíos a espada, dice Jehová.

Jeremías 25:31

Acusado:

_____-Tu eres el acusado, por ser pecador.

Si dijéremos que no tenemos pecado, nos engañamos a nosotros mismos y no hay verdad en nosotros.

1 Juan 1:8

La paga del pecado es muerte.

Romanos 6:23

La falta cometida es el pecado, como no podemos cumplir la ley los diez mandamientos.

Abogado:

Jesucristo

Y si alguno hubiere pecado, abogado tenemos para con el Padre, a Jesucristo el justo.

1 Juan 2:1

Solamente Jesucristo es quien limpia y perdona nuestros pecados, y quien nos salva de la condenación del juicio.
Jesucristo pago la condena que nos merecíamos, al morir en la cruz.
Solamente si crees en Jesucristo serás salvo y no serás condenado.

El que en él cree, no es condenado, pero el que no cree, ya ha sido condenado, porque no ha creído en el hombre del unigénito Hijo de Dios.

S. Juan 3:18

Solamente teniendo a Jesucristo en nuestro corazón, seremos salvos, solamente si amas a Jesucristo.

Palabras de Jesucristo.

Si me amas guardad mis mandamientos.

1 Juan 14:15

......Más si quieres entrar en la vida guarda los mandamientos.

S. Mateo 19:17

Que si confesares con tu boca que Jesús es el Señor, y creyeres en tu corazón que Dios le levanto de los muertos, serás salvo.

Romanos 10:9

Jesucristo es el único que nos salva, en el día de juicio; nadie más.

Porque hay un solo Dios, y un solo mediador entre Dios y los hombres Jesucristo hombre, el cual se dio a sí mismo en rescate por todos...

1 Timoteo 2:5 ver Corintios 5:10

Juicio:
La condena
El castigo por la falta cometida
La paga del pecado es muerte / la muerte segunda.

La ley   *Juez*

Los 10 mandamientos   **Dios**
La palabra de Dios
El mensaje de Jesucristo
La Biblia completa

Veredicto final: **Culpable: por ser pecador**
                             Merece la condena, la
                           Paga del pecado es muerte

Queda una alternativa apelar:
Esta es tener a Jesucristo en tu corazón.
¿Tienes a Jesucristo en tu corazón?
¿Conoces a Jesucristo?

Y en esto sabemos que nosotros le conocemos, si guardamos sus mandamientos.

El que dice: Yo le conozco, y no guarda sus mandamientos, el tal es mentiroso, y la verdad no está en él.

Pero el que guarda su palabra, en este verdaderamente el amor de Dios se ha perfeccionado; por esto sabemos que estamos en él.

El que dice que permanece en el, debe andar como el anduvo.

1 Juan 2:3-6

Si amas a Jesucristo él te salvara el día del juicio. La Biblia revela que todos vamos a pasar por el tribunal de Dios.

Tribunal

La ley	Juez	Acusado	Abogado	Juicio
La Biblia	**Dios**	*tu nombre*	**Jesucristo**	**no hay - condenación**

Veredicto: salvado de la condena de la muerte segunda.

Que si confesares con tu boca que Jesús es el Señor, y creyeres en tu corazón que Dios le levanto de los muertos, serás salvo.

Romanos 10:9

Si no tienes a Jesucristo en tu corazón y no lo conoces y él no te conoce, ¿quién te va a salvar?

Porque no hay condenación para los que están en Cristo.

Tribunal

La ley	Juez	Acusado	Abogado	Juicio
La Biblia	**Dios**	*tu nombre*	**?**	**La 2nd muerte**

Veredicto final: merece la condenación de la muerte segunda.

Porque no son los oidores de la ley los justos ante Dios, si no los hacedores de la ley serán justificados.

Romanos 2:13

No todo el que me dice Señor Señor, entrara en el reino de los cielos; si no el que hace la voluntad de mi Padre que está en los cielos.

S. Mateo 7:21

La condena, es decir el castigo es la segunda muerte:

Y el infierno y la muerte, fueron lanzados en el lago de fuego. Esta es la segunda muerte.

Apocalipsis 20:14

Pero los cobardes e incrédulos, los abominables y homicidas, los fornicarios y hechiceros, los idolatras y todos los mentirosos tendrán su parte en el lago que arde con fuego y azufre, que es la muerte segunda.

Apocalipsis 21:8

Dios es Juez justo **salmos 7:11.** *La salvación proviene de Dios, por medio de Jesucristo.*

Porque por gracia sois salvos por la fe, y esto no de vosotros pues es don de Dios.

Efesios 2:8

Sabiendo que el hombre no es justificado por las obras de la ley, sino por la fe de Jesucristo, nosotros también hemos creído en Jesucristo, para ser justificados por la fe de Cristo y no por las obras de la ley, por cuanto las obras de la ley nadie será justificado.

Gálatas 2:16

Como menciona el versículo anterior, el hombre no es justificado por cumplir la ley, sino que es justificado por la fe.
- *La salvación no es --- por cumplir la ley*
- *La salvación es ---- por la fe en Jesucristo, y esto proviene de Dios.*

Porque no por la ley fue dada a Abraham o a su descendencia la promesa de que sería heredero del mundo, sino por la justicia de la fe.

Romanos 4:13

La Ley de Dios, los 10 mandamientos revelados a Moisés por Jehová, resumidos en 2 por Jesucristo, y resumido en 1 por El Espíritu Santo... La ley se resume en una sola palabra.

AMOR

Hijo mío, no te olvides de mi ley, y tu corazón guarde mis mandamientos; porque largura de días y años de vida y paz te aumentarán.

Proverbios 3:1

La Ley

Jehová	Jesucristo	Espíritu Santo
Antiguo Testamento	Nuevo Testamento	

todo acerca de Dios

No tendras dioses ajenos
No te haras imagen
No te incrinaras - a ellos
No tomaras el nombre de Jeova tu Dios en vano
Acuerdate del dia de reposo para Santificarlo

Amaras al Señor tu Dios con todo tu corazon,y con toda tu Alma y con toda tu mente

S,Mateo 22;36

Resumido

↓

Amor

Galatas5;14
Romanos 13;10

todo acerca del projimo

Honra a tu Padre y a atu Madre
No mataras.
Nocometeras - adulterio.
No urtaras
No mentiras
No codiciaras

↓

Exodo 20
Deuteronomio 5

los 10 mandamientos

Amaras a tu Projimo como a ti mismo

S,Mateo 22;39

↓

Resumido en 2
S.Juan13;34

↓

El Amor no hace mal al projimo asi que el cumplimiento de la ley es Amor...
Romanos 13;10
porque toda la ley en esta sola palabra se cumple Amaras a tu projimo como a ti mismo... Galatas 5;14

SABIDURÍA

Mucha gente muere sin haber alcanzado la verdadera sabiduría, que viene de lo alto, y solo se conforman con la sabiduría de este mundo.

Nadie se engañe a sí mismo; si algunos entre vosotros se creen sabio en este siglo, hágase ignorante, para que llegue a ser sabio.
Porque la sabiduría de este mundo es insensatez para con Dios...
1 Corintios 3:18

......porque esta sabiduría no es la que desciende de lo alto, si no terrenal, animal, diabólica.

Santiago 3:15

La sabiduría de Dios viene de alto.

La sabiduría que es de lo alto es primeramente pura, después pacifica, amable, benigna, llena de misericordia y de buenos frutos, sin incertidumbre ni hipocresías.

Santiago 3:17

La palabra de Dios dice:

170

El principio de la sabiduría es el temor a Dios.

Proverbios 9:10

¿Cómo o cual o que es el temor a Dios?

El temor de Jehová es aborrecer el mal, la soberbia y la arrogancia, el mal camino.

Proverbios 8:13

Aborrecer significa tener aversión, repugnar, rechazar, odiar.
Aborrecer el mal: es rechazar odiar el mal camino.

¿Cuál es el mal camino?
El mal camino es toda actitud como la soberbia, la arrogancia, la mentira, el menosprecio, los despojos y todas las obras carnales ver capitulo las obras de la carne.
Para comenzar adquirir sabiduría debe de haber un alejamiento de toda obra carnal, un rechazo al mal camino.
El temor de Jehová es enseñanza de sabiduría.

Proverbios 15:33

Para comenzar adquirir sabiduría hay que vivir en el temor a Dios, respeto, obediencia a su palabra, porque el temor de Jehová, es la enseñanza para alcanzar la sabiduría.

No es fácil alcanzar la sabiduría cuando llevamos años viviendo sin el temor de Dios; la sabiduría lleva cambios y toma tiempo.

El sabio teme y se aparta del mal.

Proverbios 14:16

Dios es la fuente de sabiduría (**Job 12:13**), *Dios es quien la da.* (**Proverbios 2:6**).

Y si alguno de vosotros tiene falta de sabiduría pídala a Dios, el cual da a todos abundantemente y sin reproche, y le será dada.

Santiago 1:5

El aprender a amar la instrucción de Dios es un paso adelante para empezar a desarrollar el temor a Dios.

Haciendo estar atento tú oído a la sabiduría: Si inclinases tu corazón a la prudencia, si clamares a la inteligencia, y a la prudencia dieres tu voz: Si como a la plata la buscares, y la escudriñares como a tesoros, entonces entenderás el temor de Jehová.

Proverbios 2:2

El sabio de corazón recibirá los mandamientos.

Proverbios 10:8

LA IMPORTANCIA DE LA CRUZ

En la época de Jesucristo, la muerte de cruz, era una muerte lenta, dolorosa, la crucifixión se aplicaba a la gente más odiada, a reos, ladrones, a gente muy mala; cuando eran crucificados no se morían de inmediato, la mayoría no se moría por las heridas, se morían por la infección, las heridas sangraban y por llevar días sangrando los insectos se paraban ahí y dejaban sus huevecillos y se reproducían gusanos y se comían la carne y huesos en vida, era la peor muerte.

Los crucificaban desnudos; antes de ser crucificados sufrían un fragilamiento, tortura para debilitarlos y para que sufrieran más.

La muerte de Jesucristo

Jesucristo vivió la cruz sin merecerlo. En los 4 evangelios es donde se relata cómo fue la crucifixión de Cristo, pero en el evangelio según San Lucas encontramos un cuadro clínico de lo que le ocurría a Jesucristo; ya que Lucas era doctor.

Jesucristo ora al Padre horas antes de que fuera entregado, Lucas relata que mientras Jesús oraba, Jesús estaba en agonía y su sudor como grandes gotas de sangre (**S. Lucas 22:44**) *cuando una persona está agonizando es que ya se está muriendo o está a un paso de la muerte. El sudor de sangre es una*

173

enfermedad no muy común, es muy raro que alguien la tenga, se le conoce como Hematidrosis, en todos los casos que hay de Hematidrosis la mayoría muere después de 30 minutos, la Hematidrosis es cuando brota sangre de la piel, esto produce de inmediato Hipovolemia, es decir un semi shock, el sudor de sangre solo ocurre cuando una persona está sufriendo un extremo nivel de estrés, o una emoción muy muy fuerte.

Lucas por ser médico, al ver orando a Jesucristo identifico de inmediato lo que le ocurría, a tal grado que vino un ángel a fortalecerlo **(S. Lucas 22:43)**, para que pudiese aguantar todo lo que le esperaba.

Todo esto sucedió la noche anterior a la crucifixión, todavía le faltaba pasar por el juicio judío y romano, el fragelamiento, la tortura, cargar la cruz, ser humillado y crucificado.

Después de que Judas lo entrego, por unas monedas, lo entregaron ante el concilio, esto era el rango principal ante los sacerdotes, fue acusado de blasfemia, este es un cargo religioso, el castigo por blasfemia era el apedreamiento. Los judíos no tenían derechos políticos ni sociales para enjuiciar a una persona y llevarla a la muerte, porque estaban bajo el dominio de los romanos, necesitaban que un oficial lo declarara oficialmente dingo de muerte. Como la blasfemia era un cargo religioso necesitaban un cargo político para poderlo condenar, lo llevaron ante Pilato y él se dio cuenta que era Galileo y lo mandaron a Galilea con Herodes, Herodes le pidió un milagro Jesucristo se negó, y lo regresaron a Pilato. Le trajeron testigos falsos, lo acusaron, le inventaron un cargo político, Cristo tuvo que caminar kilómetros de un lado a otro no había dormido, posiblemente no le habían dado de comer. Fue humillado, escupido, cuando una persona era ya declarado culpable y condenado a la crucifixión, primero tenían que ser azotados para debilitarlos, los azotaban con látigos que tenían cuerdas de cuero atadas y en la puntas tenían huesos filosos o bolas de hierro, la pérdida de sangre producía un desbalance circulatorio, después del azote se llevaba al pueblo para que se burlara la gente. Después de todo esto, Jesús cargo la cruz y fue crucificado.

¿Porque tuvo que morir Jesucristo?
Por causa de nuestro pecado

¿Pero porque tuvo que morir?
¿Porque tuvo que morir en la cruz?
¿Porque de esa manera?

*Para comprenderlo vayamos primero a **Proverbios 17:15***

El que justifica al impío y el que condena al justo ambos son igualmente abominación a Jehová.

Proverbios 17:15

El versículo nos dice que tanto el impío (pecador) como el que justifica al impío son abominación a Jehová.

¿Qué es Justificar?
Es defender una actitud, acción, comportamiento de una persona, exponiendo razones.

Como por ejemplo:

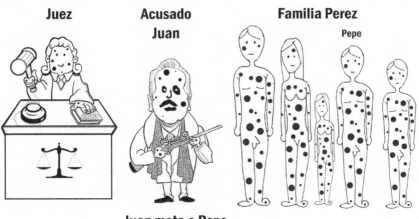

El juez perdona a Juan porque el Juez dice que Juan es su amigo de la infancia.

¿Es justo para la familia Pérez?
¿El Juez está aplicando la justicia?
¿Juan merece el perdón, sin pagar lo que hizo?
¿Eso es justo?

No es justo ni para la familia Pérez.
Ni el juez está aplicando la justicia.
Ni Juan se merece el perdón.

Tanto Juan (impío) como el Juez que justifico a Juan, ambos son abominación a Jehová.
Ahora basándonos en Proverbios 17:15

¿Cómo puede Dios justificar al impío sin ser una abominación para el mismo?

Si Dios es justo, él no puede justificar al pecador, si Dios es justo él no puede perdonar al pecador, la justicia de Dios demanda que el pecador muera para siempre.

Dios aborrece la iniquidad, rechaza el pecado, está en contra del pecado, y su ira va contra el pecador. Dios no es neutral con el pecado.

¿Cómo Dios pudo pasar por alto nuestro pecado?
Él no puede hacerlo, su justicia no lo permite. Por esa razón es que <u>creo</u> un plan de salvación en donde No viola su justicia, él nos pudo perdonar y salvar del pecado, solo por medio de satisfacer su propia justicia.

Dios es perfecto en todos sus atributos, para haber perdonado al pecador, tuvo que satisfacer su propia justicia, porque su justicia demanda la muerte del pecador. Pero Dios perdona y salva al pecador, solamente satisfaciendo su justicia.
Esta es la única manera en la que su propio ser la tomo como justa: por eso es 'el plan de salvación de Dios' que justifica al impío sin violar ninguno de sus atributos, satisfaciendo su propia justicia.

El plan de salvación de Dios: para poder salvar al pecador:

- *Alguien tiene que pagar por el pecado.* **(La paga del pecado es muerte).**
- *Alguien tiene que morir por el pecador.*
- *La salvación tiene que ser de él, la salvación es de Dios, no de un ángel, no de un hombre perfecto* **Yo, yo Jehová, y fuera de mí no hay quien salve. Isaías 43:11**

- *El que paga por el pecado del pecador, tiene que ser hombre, humano de carne y huesos, 1 hombre peco, 1 hombre tiene que pagar, Adán a pecado, Adán a caído, un hijo de Adán tiene que morir.*
- *El que muere tiene que dar la vida por el otro (porque va a salvar al pecador de la muerte, y le va a dar vida para salvarlo de la muerte). ¿Tú tienes vida? Sí, pero es prestada, ¿de dónde viene tu vida? De Dios, solo Dios tiene vida* **(S. Juan 5:26)**
- *Para salvar al pecador: no solamente tiene que ser hombre (1 hombre peco), si no divino (solo Dios puede dar vida).*

Solo Jesucristo hecho carne podía salvarnos, un ser divino hecho carne, Dios.

- *Solo Dios puede soportar la ira de Dios. (el aborrecimiento de Dios con el pecador se manifiesta con ira), Jesucristo murió en la cruz bajo la ira de Dios.*

¿Quién puede soportar y sobrevivir tal cosa?
Solo Dios
Solo así Dios satisface su justicia, entregando a su Hijo en la cruz, para que el pagara la deuda que teníamos con él. Era el único camino para poder perdonar al pecador.

La ira de Dios que fue acumulada por todos los pecados de la humanidad, la derramo en Jesucristo. Jesucristo pago el castigo que nos merecíamos, Jesucristo murió en nuestro lugar.

Muchos pueden decir; como un hombre (Jesucristo) puede sufrir en la cruz por unas horas y salvar a una multitud de hombres de una eternidad en el infierno, muchos pueden decir que no es justo.
Si es justo porque el valor de Jesucristo es infinito, Hijo de Dios.
El valor de Jesucristo es muchísimo mas que el valor de todos los seres humanos y ángeles juntos.
El sacrificio de Jesucristo tiene un valor infinito, y un hombre no tiene valor infinito, ni un ángel tiene valor infinito. Solo Jesucristo, tiene el valor para comprar una multitud de hombres. **(Por precio fuisteis comprado. 1 Corintios 7:23) (Porque habéis sido comprados por precio...... 1 Corintios 6:20).**

Por eso fue necesario que la propiciación fuese hombre y divino.

Propiciación: es un sacrificio que satisface la justicia de Dios, por medio de ese sacrificio, satisface su justicia y calma la ira de Dios. - Jesucristo - **(porque seré propicio a sus injusticias...Hebreos 8:12)**
Nosotros como pecadores somos justificados gratuitamente por Dios.

Por cuanto todos pecaron y están destituidos de la gloria de Dios, siendo justificados gratuitamente por su gracia, mediante la redención que es en Cristo Jesús.

Romanos 3:23

A quien Dios puso como propiciación por medio de la fe en su sangre, para manifestar su justicia, a causa de haber pasado por alto, en su paciencia, los pecados pasados.

Romanos 3:25

La horrible muerte del Hijo es el medio por el cual el Padre puede hacer ambas cosas, justo y Salvador.

LA ARMADURA

Tenemos una batalla por derrotar. Fuimos hechos para luchar, para esforzarnos, para trabajar, para conquistar, fuimos hechos para algo que es eterno.

Vivimos en un mundo caído, que vive en las tinieblas y que va hacia la muerte, el reino del maligno esparcido por toda la tierra, apoderándose de las mentes.

Si somos hijos de Dios, no fuimos llamados para jugar, ni dejarnos manipular por las cosas del mundo y caer en la trampa de Satanás. Si somos hijos de Dios, fuimos llamados para avanzar el reino de Dios, vivir con pasión, para luchar por El, quien nos salva de la muerte.

No es fácil, su palabra dice, esfuérzate y se valiente, y Dios nos dejó su armadura, para luchar contra el mundo que devora.

Su armadura es poderosa, se fuerte y valiente, porque el Diablo se aparece bofeteándote y humillándote cuando sabe que estas luchando con tu interior y exterior, de esto es lo que se trata la batalla, una batalla espiritual.

179

Para ganar las batallas espirituales, necesitamos armadura espiritual, la cual nos la dejo Dios nuestro Padre.

El casco de la salvacion

La coraza de justicia

El escudo de la fe

FE

La espada del Espiritu

Y calzados los pies con la dispocicion de proclamar el Evangelio de la paz

El cinturon de la verdad

Efesios 6:13-17

EXAMINATE

¿Cómo sabes que tú eres un verdadero creyente, hijo de Dios?
Examinate a ti mismo
A la luz de la verdad de la palabra de Dios.

Una de las evidencias de que realmente amas a Dios y que eres un verdadero Cristiano, es que hay una sensibilidad al pecado en tu vida, donde quizás por esa razón Dios te permita confesar tus pecados y concederte el arrepentimiento **2 Timoteo 2: 24-25**

Si tú no tienes una nueva relación con el pecado, tú no tienes una nueva relación con Dios.

La mayor evidencia de que tú eres Cristiano, es que tu estas en el mundo y como ser humano eres pecador y Dios esta señalando tus pecados, y tú los reconoces y te duele en el alma.

Tenemos la seguridad de que amamos a Dios, no porque una sola vez nos arrepentimos, sino porque continuamos en arrepentimiento hoy.

181

No es que una sola vez creímos, si no que continuamos creyendo firmes (Fe). No es que una sola vez caminamos con El, si no que continuamos haciéndolo, conforme a su voluntad.

Otra evidencia es que no estas atrapado en la esclavitud del pecado, ni en las cosas de este mundo. Si no que tienes la libertad de seguir a Cristo porque las cadenas del pecado que te tenían atrapado no te permitían seguirlo.

Pero ahora estas libre, para poder seguirlo sin que te atormente el mundo ni el pecado.

¿Cómo se si amo en realidad a Dios?

Examinate **2 Corintios 13:5**

Dices que crees en Dios y que conoces a Jesucristo, pero ¿cómo sabes si lo conoces??

Y en esto sabemos nosotros que le conocemos, si guardamos sus mandamientos.

1 Juan 2:3

El que dice yo le conozco y no guarda sus mandamientos, el tal es mentiroso y la verdad no está en él.

1 Juan 2:4

Pero el que guarda su palabra, en este verdaderamente el amor de Dios se ha perfeccionado; por esto sabemos que estamos en El.

1 juan 2:5

El que dice que permanece en El, debe andar como el anduvo.

1 juan 2:6

Examinate y arrepiéntete, el arrepentimiento es el fruto de alguien que entiende quien es Cristo. **Hechos 2:38.**

Arrepentimiento del griego "metanoia" que significa cambiar de mente, por eso cuando uno se bautiza, nueva criatura es, ya no tiene la mente de antes si no una nueva. (nacer de nuevo).

Palabras de Jesucristo:

Ciertamente vengo en breve...

Apocalpsis 22:20

¡He aquí, vengo pronto!.

Apocalipsis 22:7

Made in the USA
Las Vegas, NV
08 May 2022

48612401R00111